乡镇财会实务系列丛书

跟我学做财务预算会计

北京智浪奇管理咨询事务所　编著

主　编　张洪兵

中国社会出版社

建设社会主义新农村书屋

编辑指导委员会

农村经济发展与经营管理图书编辑委员会

乡镇财会实务系列丛书

总序　造就新农民 建设新农村

李学举

党的十六届五中全会作出了建设社会主义新农村的战略部署。在社会主义新农村建设过程中，大力发展农村文化事业，努力培养有文化、懂技术、会经营的新型农民，既是新农村建设取得进展的重要标志，也是把社会主义新农村建设不断推向前进的基本保证。

为落实中央的战略部署，中央文明办、民政部、新闻出版总署、国家广电总局决定，将已开展三期的“万家社区图书室援建和万家社区读书活动”由城市全面拓展到农村，“十一五”期间计划在全国三分之一以上的村委会开展农村图书室援建和读书活动，使两亿多农民由此受益，让这项造福城市居民的民心工程同时也造福亿万农民群众。中央领导同志对此十分重视，中共中央政治局委员、国务院副总理回良玉同志作出重要批示：“发展农村文化事业是新农村建设的重要内容，也是农村发展中一个亟待加强的薄弱环节。在农村开展图书室援建和读书活动，为亿万农民群众送去读得懂、用得上的各种有益书刊，对造就有文化、懂技术、会经营的新型农民，满足农民全面发展的需求，将发挥重要作用。对这项事关农民切身利益、事关社会主义新农村建设的重要活动，要精心组织，务求实效。”

中共中央政治局委员、中央书记处书记、中宣部部长刘云山同志也作出重要批示。他指出："万家社区图书室援建和万家社区读书活动，是一项得人心、暖人心、聚人心的活动，对丰富城市居民的文化生活、推动学习型社区建设发挥了重要作用。这项活动由城市拓展到农村，必将对丰富和满足广大农民群众的精神文化生活，推动社会主义新农村建设发挥积极作用。要精心组织，务求实效，把这件事关群众利益的好事做好。"

为了使活动真正取得实效，让亿万农民群众足不出村就能读到他们"读得懂、用得上"的图书，活动的主办单位精心组织数百名专家学者和政府相关负责人，编辑了"建设社会主义新农村书屋"。"书屋"共分农村政策法律、农村公共管理与社会建设、农村经济发展与经营管理、农村实用科技与技能培训、精神文明与科学生活、中华传统文化道德与民俗民风、文学精品与人物传记、农村卫生与医疗保健、农村教育与文化体育、农民看世界等10大类、1000个品种。这些图书几乎涵盖了新农村建设的方方面面。"书屋"用农民的语言、农民的话，深入浅出，使具有初中文化水平的人就能读得懂；"书屋"贴近农村、贴近农民、贴近农村生活的实际，贴近农民的文化需求，使农民读后能够用得上。

希望农村图书室援建和农村读书活动深入持久地开展下去，使活动成为一项深受欢迎的富民活动，造福亿万农民。希望"书屋"能为农民群众提供一个了解外界信息的窗口，成为农民学文化、学科技的课堂，为提高农民素质，扩大农民的视野，陶冶农民的情操发挥积极作用。同时，也希望更多有识之士参与这项活动，推动农村文化建设，关心支持社会主义新农村建设。

值此"新农村书屋"付梓之际，以此为序。

前　言

我国正在由一个农业大国向工业化国家过渡，全国大部分的人口仍在农村和乡镇。农村和乡镇各经济主体财务会计管理工作的规范化、制度化，将有助于农村和乡镇经济持续、健康、稳定的发展。“乡镇财会实务系列丛书”有针对性、全方位地介绍了乡镇经济主体的财会工作的内容、方法和业务流程专业知识，是我们汇集切身工作经验，对实际工作中先进的管理方法的提炼和融合。本套丛书具有以下特点：一、全面的乡镇财会知识介绍；二、完整的乡镇财会实务展示；三、实用财务管理方法的提炼；四、理论知识与实务例证的融合。因而本套丛书将会成为乡镇财会人员工作中的好帮手。

我国乡镇经济主体在性质上种类多样，各自执行的会计制度和财会实务操作差别较大。概括地说，我国乡镇经济主体的类别及其会计核算的特点如下：①乡镇行政单位，主要指党政办公机构，是不从事创收活动的非盈利性单位，财务管理以财政预算拨款为中心，日常财务收支必须严格服从国家预算管理的要求，这些单位会计主体单一，以收付实现制为会计核算的基础，并不需要核算成本，执行《行政单位会计制度》。②全额拨款事业单位和差额补助事业单位，主要包括文教科卫、农林水利气象、优抚等事业单位，这些单位经费来源既有财政预算拨款，又有自己创收的收入，从事经营活动的可以依法进行成本核算，会计核算一般采用收付实现制，但经营性收支业务可采用权责发生制，主要执行《事业单位会计制度》。③村集体经济组织，主要指按村或村民小组设置的社区性集体经济组织，会计核算采用权责发生制，自2005年1月1日开始依法执行《村集体经济组织会计制度》。④自收自支的事业单位和企业，依法执行国家企业性会计制度。

目前我国乡镇会计核算体制差异比较大，有的已经实行乡镇会计集中核算，例如：江苏省“村账乡管”模式，有的仍是各乡镇经济主体自行管理会计核算工作。为了更客观、全面地介绍乡镇会计实务工作，本套丛书采取按经济主体类别分别介绍其财会实务操作。

本套丛书总的内容包括乡镇经济主体的会计实务基础知识、总账、往来账、成本、税收、财务分析和财务预算会计实务七个部分。本书主要介绍财务预算会计实务，书中全面系统地向读者介绍了财务预算会计岗位的实务工作内容和职责。我们对财务预算会计实务的介绍，既作工作经验方面的具体指导，又紧密地辅之以实际案例，将工作经验与实务工作紧紧地融合在一起，让读者全面真切地体验各乡镇经济主体财务预算会计工作。

由于本书成书仓促，见解方面也难免会有疏漏，如有不足之处，恳请广大读者指正，以便本书再版时能加以补正。

张洪兵

于北京

目　录

第一章 乡镇经济主体财务预算会计实务概述

第一节 财务预算会计岗位职能及其重要性

一、财务预算会计岗位职能

（一）为管理决策制定财务执行预算

预算是一种管理方法和手段，即通过对一定期限内的业务活动安排定量定额的任务目标，并以此来促进各项工作协调有序地进展。预算是经济主体决策的具体化，是控制资金流和工作效率的工具。财务预算是企业全面预算管理的重要内容之一，它从有计划筹集和使用资金的角度，对业务活动进行管理和控制。

（二）对经济活动的资金筹集进行预测和安排

财务预算会计运用一定的技术和方法，对预算期限内的资金来源进行预测，并根据预测结果，结合经济主体开展业务活动的需要，及时准备和安排筹资等事宜。

（三）对资金支出进行预测和安排

财务预算会计对一定期限内的资金支出进行预测，并根据业务活动的进度和需要，对资金支出按计划作出安排。随着业务活动的实际进展和变动情况，经济主体资金支出计划应定期根据需要进行调整。同时，财务人员在核算时，依据财务预算，加强财务审核，有计划有目标地控制财务支出。

（四）有目标地对经济主体产品成本进行管理和控制

财务预算会计通过产品成本预算编制和管理，对经济主体的生产活动进行有目标的管理，促进生产部门及其人员提高工作效率、质量和成果，从而降低产品单位成本，提高经济主体产品市场竞争力，为经营目标实现作出贡献。

（五）对固定资产投资项目的资金来源和支出进行预测和控制

固定资产投资项目一般具有需要资金量大，建设期长，资金成本高等特点，固定资产投资项目的资金通常通过长期借款和股权融资来筹集。在实际工作中，固定资产投资项目成本控制包括进度控制、质量控制和投资控制。财务预算会计通过资金计划管理，对项目建设期、经营和还贷期的资金来源和支出进行预测和控制，是科学经济运作资金的有效措施和手段。

（六）对经济主体财务状况和经营成果等进行预算管理

预计资产负债表和预计损益表等，是对经济主体预算期内的财务状况和经营成果的测算和奋斗目标，是经济主体运作人、财、物等资源要素，规划生产经营活动，财务预算和管理的水平反映经济主体组织开展生产经营管理的能力。对生产经营进行财务预算管理，能在一定程度上保证目标财务成果的实现。

二、财务预算会计岗位重要性

（一）财务预算是经济主体全面预算管理的重要内容

经济主体全面预算管理体系包括销售预算、采购预算、薪酬预算、费用预算、投资预算、项目预算、财务预算等，其中，财务预算是对其他预算的汇总，是总预算。财务预算一般根据业务预算编制和调整，是经济主体组织开展生产经营活动的依据，既为生产经营业务开展提供服务，又对其进行监督和控制，以保证管理目标的实现。

（二）财务预算是有目标地控制资金支出的重要措施

经济主体预算的制定过程，也是对预算期内资金支出的审议过程，财务预算制定后，财务人员依据预算，对预算期内的资金支出进行审核和控制，超预算项目和预算外项目支出须经过相应权力机构进行审议批准。经济主体通过财务预算管理，有目标有节制地管理和控制资金支出，为实现目标利润做好“节流”工作。

（三）财务预算是有目标地管理和控制经济主体产品成本的重要措施

经济主体通过财务分析和测算，对影响产品成本的因素制定一系列的管理和控制标准，作为对产品成本考核的参考依据，以此来及时反映和发现产品生产过程中存在的问题和不足，以利于经济主体节约开支，降低成本，提高产品的市场竞争力和收益能力。

（四）按固定资产投资项目进度和质量管理项目资金的需要

及时筹集落实资金和有计划地控制固定资产投资项目成本，是固定资产投资项目控制的关键。财务预算会计根据项目需要，通过计划管理，将项目期内的资金来源和支出有目标地作出安排，按固定资产投资项目进度和质量管理控制项目资金，以便经济有效地节约固定资产投资项目成本。

第二节　乡镇经济主体财务预算会计管理差异

一、非企业类乡镇经济主体财务预算会计管理

（一）乡镇行政单位

乡镇行政单位管理乡镇财政的基本职能主要为：①依据国家有

关方针、政策、法规筹集资金；②将筹集的财政资金上缴上级财政，并将财政拨款和可用的乡镇财力拨付给乡镇所属的行政、事业等单位；③依法调节平衡乡镇财政收支；④对乡镇财政资金筹集、上缴、拨付、调节平衡等进行反映和监督。

乡镇行政单位日常工作，一方面认真贯彻执行党和国家的方针、政策，严格遵守国家税收法令和财经制度、财经纪律，积极组织各项财政收入，管好用好各项财政支出和乡镇自筹资金；另一方面严格执行国家预、决算制度，按期向乡镇权力机构报告其审查批准的当年乡镇财政收支预算执行情况。

乡镇行政单位财务预算管理，主要是应缴预算款筹集和上缴管理、应缴财政专户款筹集和上缴管理、政府财政收支管理。政府财政收入是按规定在乡镇一级范围内组织收取和筹集的财政资金，包括国家预算内收入、国家预算外收入和乡镇自筹资金收入。政府财政支出是在乡镇范围内将上级财政拨付的预算内资金、预算外资金和自筹资金进行统筹安排，合理使用，包括支援农业支出、文化教育卫生体育事业支出、乡镇基本建设及维护费支出、抚恤和社会福利救济支出、行政管理人员工资、行政管理费支出等。

（二）全额拨款和差额补助事业单位

目前我国乡镇全额拨款事业单位主要有：畜牧兽医站、水产站、农技推广站、卫生防疫站、文化站等。差额补助事业单位主要有：学校和医院等。这些单位主要从事专业业务活动。对于代收的行政性收费等资金，全额拨款和差额补助事业单位依法履行资金筹集和上缴同级财政的职能。

全额拨款和差额补助事业单位资金来源主要包括：财政补助收入、上级补助收入、拨入专款、事业收入、附属单位缴款、经营收入、其他收入等。资金支出主要包括：采购支出、工资、拨出经费、对附属单位补助、其他资金支出。

（三）村集体经济组织

村集体经济组织资金来源主要包括有发包及上交收入、经营收入、补助收入、投资收益、其他收入等。资金支出主要包括：采购支出、工资、其他资金支出。

非企业类乡镇经济主体固定资产投资项目财务预算，请参见本书企业固定资产投资项目财务预算章节有关内容。

二、企业和自收自支事业单位财务预算会计管理

企业和自收自支事业单位日常活动主要是围绕利润最大化的目标开展生产经营活动。财务预算管理是其有目标、有方向地积极调动资金实现目标利润的手段。企业资金来源预算和支出预算等，带有明确的市场性、风险性、企业获利性等特点。企业财务预算的编制、执行、考核等，必须与企业的运营管理规律合拍。

企业财务预算管理工作的开展，企业高层领导应首先加强对财务预算重要性的认识，自觉地把财务预算管理作为日常企业管理工作的重要内容，然后结合本单位的实际情况，建立科学有效的财务预算管理的方式、方法等。

建立健全财务预算管理制度，是保证财务预算管理工作顺利开展的依据。财务预算管理制度应该明确财务预算管理工作的组织领导、财务预算工作的组织分工、各相关部门的协调配合职责、财务预算管理工作程序、预算编制原则、预算方法、财务预算报告的内容及要求、预算编制和报送时间、预算执行管理、预算考核评价管理、对下属分支机构和全资子公司的财务预算管理、对控股和参股公司的财务预算管理、对联营和委托管理单位的财务预算管理等。

凡事“预则立，不预则废”，预算管理是企业管理的重要内容。

它通过分解目标利润和量化管理，为企业生产经营树立了具体奋斗的目标和管理控制的标准。在预算管理体系中，财务预算是核心，是总预算，是对其他各职能管理部门预算的分析整理和汇总。具体而言，①企业生产经营业务的预算编制流程依次为：销售预算、生产预算、采购预算，财务预算对这些预算进行分析整理和汇总；②企业固定资产采购预算编制流程依次为：销售部门和生产部门等各职能管理部门向办公室（或行政部门）上报固定资产采购需求、办公室（或行政部门）立项审批汇总、采购预算，财务预算对采购预算进行分析整理和汇总；③企业人力资源管理业务的预算编制流程依次为：各职能管理部门向人力资源上报用人计划、总经理审批、人力资源预算，财务预算对人力资源预算进行分析整理和汇总；④企业其他预算由财务预算会计根据预计生产经营业务开展情况、企业近期和历史相关经济业务发生额等情况，分析整理和汇总，这样，经过各职能管理部门的参与，最终建立起企业预算管理体系。

年度财务预算是企业在预算年度内的奋斗目标，为了便于执行和加强预算管理的力度和切合实际性，年度财务预算通常细分为季度和月份预算。每个月份终了，要对月份预算执行情况进行考核，并根据生产经营业务和管理实际开展情况相应调整当季度预算；每个季度终了，要对季度预算执行情况进行考核，并根据生产经营业务和管理实际开展情况相应调整下季度预算，通过这样有目标有计划的管理，最终保证企业生产经营目标的实现。

第二章 非企业类乡镇经济主体财务预算会计实务

第一节 乡镇行政单位财务预算会计实务

一、财政资金筹集与上缴预算管理实务

（一）财政预算资金筹集预算管理

1. 预算内资金筹集

预算内资金主要包括根据国家规定征收的增值税、营业税、契税等各类税金，土地出让金等行政性收费，合作医疗基金等政府性基金，罚款，没收财物变价款，无主财物变价款，赃款和赃物变价款，其他应缴预算的资金。

（1）预算内资金筹集预算依据

它是在综合考虑到乡镇历史预算内资金筹集情况和预算期乡镇发展规划等因素的基础上，进行适当调整后，设定的管理目标。例如：

①税金类。增值税和营业税及其附加，可以根据近三年的税金征收情况，结合预算期乡镇的税源变化及其对税金的影响情况，通过一定的预算方法，综合确定预算征收额。

②行政性收费类。土地出让金，可以根据预算期乡镇用地规划及其审批情况，和地方政府依法规定的收费标准，计算确定预算征收额。

③政府性基金类。合作医疗基金，可以根据预算期乡镇人口数量

测定情况，和地方政府依法规定的征收标准，计算确定预算征收额。

④罚款类。可以参照近三年的罚款征收情况，按最低额度确定预算征收额。

⑤没收财物变价款类。可以参照近三年的征收情况，按最低额度确定预算征收额。

⑥无主财物变价款类。可以参照近三年的征收情况，按最低额度确定预算征收额。

⑦赃款和赃物变价款类。可以参照近三年的征收情况，按最低额度确定预算征收额。

（2）预算内资金筹集预算方法

预算内资金筹集测算方法主要有四种，即算术平均法、加权平均法、经验判断法、回归分析法。其中，回归分析法运用经济统计学的原理，通过建立数学模型，进行分析预测，通常需要的经济数据多，工作量大，烦琐，在此不作过多介绍。

① 算术平均法

算术平均法可以通过计算近几年的平均数来测算反映预期各类预算内资金筹集情况。

例如，A 乡镇近 3 年的增值税征收额分别为：2004 年 120 万元、2003 年 123 万元、2002 年 118 万元，则：预期增值税征收额＝近 3 年增值税征收额之和÷3＝（120＋123＋118）÷3≈120．33（元）。

按此方法计算出的预期增值税征收额暗含了许多假设前提，因此，需要根据税源变化及其对税额的影响等其他影响因素对增值税征收额的影响情况，作适当的修正。

② 加权平均法

加权平均法，是在综合考虑了远期和近期各类预算内资金筹集可能的变化情况下，可以通过计算，用近几年增值税征收额及其权数的总和来计算确定平均数。

例如，A 乡镇近 3 年的增值税征收额、权数如下表：

项目名称	增值税征收额	权 数
2004 年	120	5
2003 年	123	3
2002 年	118	2

预期增值税征收额＝（120×5＋123×3＋118×2）÷（5＋3＋2）＝120.50（元）。按此方法计算出的预期增值税征收额暗含了许多假设前提，因此，需要根据税源变化及其对税额的影响等其他影响因素对增值税征收额的影响情况，作适当的修正。

③ 经验判断法

经验判断法，是在综合考虑以往各类预算内资金筹集情况和预算期内可能的变化情况后，根据自身的经验对预期各类预算内资金筹集作出的判断。这种方法需要具有很强的职业判断力，而且这种方法科学依据性不强，信服力较差。但是，在实际工作中，因这种方法简单，不需要高深的分析计算方法。

此外，这种方法还可以用作上述算术平均法和加权平均法的补充，对这两种方法的计算结果进行修正，即在分析测定其他相关因素对各类预算内资金筹集的影响时，因这些因素定量性较差，有些还比较综合，在工作中可以用经验判断法进行测定。

2. 财政专户资金筹集

财政专户资金筹集主要包括排灌油电费、水费等预算外资金。

（1）财政专户资金筹集预算依据

财政专户资金筹集预算是在综合考虑到乡镇历史各项财政专户资金筹集情况和预算期内有关因素变动的基础上，进行适当调整后，设定的管理目标。

行政单位预算外资金实行全额上缴的，收到时全部作为应缴财政专户款；实行比例上缴的，只有按上缴比例计算出的部分金额作为应缴财政专户款；实行结余上缴的，收到预算外资金时不作为应缴财政专户款，只有当定期计算出结余时，结余部分才转为应缴财政专户款。

（2）财政专户资金筹集预算方法

请参见上述“预算内资金筹集预算方法”有关内容。

（二）财政资金上缴预算管理

1. 预算内资金上缴预算管理

乡镇行政单位筹集的预算内资金必须在当月月末前全部上缴上级财政，不得截留或挪作他用。预算内资金上缴预算与预算内资金筹集预算相对应。

2. 财政专户资金上缴预算管理

乡镇行政单位当月筹集的财政专户资金在月末前上缴上级财政，每年年末均应清理结缴国家财政专库，不留余额。财政专户资金上缴预算与财政专户资金筹集预算相对应。

二、经费来源和支出预算管理实务

（一）经费来源预算管理

乡镇行政单位经费来源主要是财政拨款，即拨入经费和预算外资金收入。此外，行政单位通常还会发生一些其他收入，例如：食堂收入、房屋出租收入、固定资产变价收入、利息收入等，这些收入必须依法纳入经费来源预算的范围，与财政资金一并统筹使用。

乡镇行政单位必须按国家规定取得资金，并按规定用途使用资金。乡镇行政单位财政资金收支依法分为：①经常性收支，用于维持正常运转和完成日常工作任务的资金收支；②专项收支，用于完成专项或特定工作任务发生的资金收支。

国家对行政单位收支采取收支统一管理，定额、定项拨款，超支不补，结余留用的预算管理办法。

1. 财政拨款预算管理

乡镇行政单位财政拨款收入按用款情况领拨。按预算期限划分，财政拨款收入分为年度、季度、月份预算。

为了保证年度支出预算的执行，乡镇行政单位经费领拨，须编制季度分月用款计划，按预算级次经费领拨关系，在季度开始前报上级主管单位审批后，作为分月领报经费的依据。对于专项收支，上级主管单位在审批时，还需结合各项计划和行政任务执行进度，以及资金、材料物资结存情况，按月确定实拨数办理划拨资金的手续。既要保证计划内所需资金的及时供应，保证完成任务的需要，又要防止分散和积压资金，不能办理无预算、超计划的拨款。

2. 其他收入预算管理

对于房屋出租收入等收入稳定的其他收入，在编制月份、季度、年度经费来源预算时，应该计入预算内；对于固定资产变价收入等偶然性收入，除非能确定在预算期内能取得收入，否则可以暂不计入预算内。

3. 经费来源预算表实例

A 乡 2004 年第一季度经费来源预算表

单位：(元)

类　别	1月	2月	3月	一季度经费来源
上年结余				
拨入经费				
其中：经常性收入				
项目经费				
预算外资金收入				
其中：经常性收入				
项目经费				
其他收入				
合　计				

（二）经费支出预算管理

乡镇行政单位经费支出主要有经费支出、拨出经费和结转自筹基建。

按资金管理规定划分，经费支出有经常性支出和专项资金支出。经常性支出是行政单位为维持正常运转和完成日常工作任务发生的支出，按“国家预算收支科目表”中“目”级科目进行分类，主要有：基本工资、补助工资、其他工资、职工福利费、社会保障费、公务费、设备购置费、修缮费、业务费、其他费用。专项资金支出是行政单位在保证经常性支出的基础上，对专项或特定工作任务所安排的支出，它一般包括专项会议、专项设备购置、专项修缮和专项业务等支出。乡镇行政单位可在单位预算收入总额内统筹安排支出，全部资金可在计划支出各项目间调剂使用，但是必须经同级财政部门批准，以保证原定行政任务的完成。行政经费中用于专项业务的资金，必须与经常性支出严格区分，严格按用途领拨，单独核算，不得占用资金。

拨出经费是乡镇行政单位对其所属单位的经费拨款。它包括对所属事业单位拨款、村级三项费用（村干部报酬、村办公经费、五保户供养经费）经费缺口补助。但不包括农村义务教育、计划生育、优抚和乡级道路建设等农村公益事业经费投入，这些经费已经依法纳入县级财政。

结转自筹基建是乡镇行政单位在按照规定程序履行严格的报批手续后，用预算外资金和其他收入安排的基本建设支出。

经费支出预算是乡镇行政单位申请和领拨财政拨款的依据。按预算期限划分，经费支出预算分为年度、季度、月份预算。

为了保证年度支出预算的执行，乡镇行政单位须编制季度分月用款计划，按预算级次经费领拨关系，在季度开始前报上级主管单位审批。

乡镇行政单位编制经费支出预算时，应将不可预见费考虑在内，以用于对突发事项的经费开支。

例、季度分月用款计划表

季度分月用款计划表

预算期：________ 年第____ 季度

编制单位：　　　　　　　　　　　　　　　　单位：（元）

预算科目			全年预算数	分月用款数								编制说明
编号		名称		合计		7 月份		8 月份		9 月份		
款	项			计划数	核定数	计划数	核定数	计划数	核定数	计划数	核定数	

单位负责人：　　　　　　　　会计：　　　　　　　　制表：

1. 经常性支出经费预算编制

（1）工资、福利费、社会保障费预算编制

乡镇行政单位应根据核定的人员编制、各项经费支出开支标准等，通过计算来编制。

例、A 乡××年第三季度工资、福利费、社会保障费预算表

工资、福利费、社会保障费预算表

预算期：××年第三季度

编制单位：A 乡　　　　　　　　　　　　　　　单位：（元）

类　别	7月	8月	9月	三季度合计
基本工资 补助工资				
其他工资 职工福利费 社会保障费 合　计				

（2）公务费预算编制

对于按人头定额核定的经费支出，应根据核定的人员编制和标准计算确定；对于水电费和取暖费等经费支出，可以根据上年同期实际数，并适当考虑物价变动等因素来核定。

例、A 乡××年第三季度公务费预算表

公务费预算表

预算期：××年第三季度

编制单位：A 乡　　　　　　　　　　　　　　　单位：（元）

类　别	7月	8月	9月	三季度合计
办公费 邮电 水电费 公用取暖费 工作人员差旅费 调干旅费 调干家属旅费补助 器具设备费 车船保养修理费 机动车船燃料费				

续前表

牧区办公车、马费				
会议费				
场地、车船租赁费				
临时工工资				
工作人员夜餐费				
合计				

（3）设备购置费、修缮费预算编制

可以根据预算期内设备更新计划、修缮计划和市场报价行情来核定。

例：A乡××年第三季度设备购置费、修缮费预算表

设备购置费、修缮费预算表

预算期：××年第三季度

编制单位：A乡　　　　　　　　　　　　　　单位：（元）

类别	7月	8月	9月	三季度合计
设备购置费				
修缮费				
合计				

（4）业务费预算编制

对于临时出国人员经费支出，可以根据外事安排和费用定额核定；对于账、册、资料、材料印刷费等支出，可以根据上年同期实际发生额来核定。

（5）其他费用支出预算编制

可以根据有关各项费用上年同期实际发生额来核定。

2. 专项资金支出经费预算编制

可以根据有关项目或工作任务的工作安排来核定。

例、A乡××年第三季度专项资金支出经费预算表

专项资金支出经费预算表

预算期：××年第三季度

编制单位：A乡　　　　单位：(元)

类　别	7月	8月	9月	三季度合计
专项会议费				
专项设备购置费				
专项修缮费				
专项业务支出				
……				
合计				

3. 拨出经费支出预算编制

可以根据有关各项费用上年同期实际发生额来核定。

例、A乡××年第三季度拨出经费支出预算表

拨出经费支出预算表

预算期：××年第三季度

编制单位：A乡　　　　单位：(元)

类　别	7月	8月	9月	三季度合计
水利站				
畜牧兽医站				
医院				
……				
合计				

4. 结转自筹基建经费预算编制

可以根据预算期内的基建计划、预算外资金收入和其他收入的

结余额等来核定。

（三）乡镇行政单位往来账资金收支预算管理

1. 债权回收预算编制

可以根据有关业务合同、暂付款账面记录等来核定。

2. 到期债务支出预算编制

可以根据有关业务合同、暂存款账面记录等来核定。

（四）乡镇行政单位现金预算管理

请参见本书企业“现金预算”章节有关内容。

（五）乡镇行政单位固定资产建设项目投资预算管理

请参见本书企业“固定资产建设项目投资预算”章节有关内容。

（六）乡镇行政单位财务总预算管理

1. 预计资产负债表

乡镇行政单位预计资产负债表可以依据基期资产负债表、财政资金筹集与上缴预算、各项经费来源预算、各项经费支出预算、各项往来账资金收支预算、现金预算等来编制。

乡镇行政单位预计资产负债表编制方法，请参见企业预计资产负债表编制方法章节有关内容。

例、预计资产负债表实例

预计资产负债表

编制单位： 年 月 日 单位：（元）

资产部类	行次	年初数	年末数	负债部类	行次	年初数	年末数
一、资产类				二、负债类			
现　金				应缴预算款			
银行存款				应缴财政专户款			
有价证券				暂存款			

续前表

暂付款				负债合计			
库存材料				三、净资产类			
固定资产				固定基金			
资产合计				结余			
五、支出类				净资产合计			
经费支出				四、收入类			
拨出经费				拨入经费			
结转自筹基建				预算外资金收入			
支出合计				其他收入			
				收入合计			
资产部类总计				负债部类总计			

2. 预计收入支出总表

乡镇行政单位预计收入支出总表可以依据各项经费来源预算、各项经费支出预算等来编制。

乡镇行政单位预计收入支出总表编制方法，请参见本章预计资产负债表编制方法。

例、预计收入支出总表

预计收入支出总表

编制单位： 年 月 日 单位:(元)

收 入			支 出			结 余
项目	本月数	累计数	项目	本月数	累计数	
拨入经费			拨出经费			
其中:项目经费			经费支出			
预算外资金收入			其中:基本支出			
其中:项目经费			项目支出			
其他收入						
			结转自筹基建			
收入总计			支出总计			累计结余

第二节 全额拨款和差额补助事业单位财务预算会计实务

一、代收财政资金筹集与上缴预算管理实务

（一）代收财政预算资金筹集预算管理

1. 代收预算内资金筹集

代收预算内资金主要包括依据乡镇行政单位规定，代其征收的土地出让金等行政性收费，合作医疗基金等政府性基金，罚款，没收财物变价款，无主财物变价款，赃款和赃物变价款，其他应缴预算的资金。

（1）代收预算内资金筹集预算依据

代收预算内资金筹集预算是在综合考虑到历史上代收预算内资金筹集情况和预算期乡镇发展规划等因素的基础上，进行适当调整后，设定的管理目标。例如：

①行政性收费类。土地出让金，可以根据预算期乡镇用地规划及其审批情况，和地方政府依法规定的收费标准，计算确定预算征收额。

②政府性基金类。合作医疗基金，可以根据预算期乡镇人口数量测定情况，和地方政府依法规定的征收标准，计算确定预算征收额。

③罚款类。可以参照近三年的罚款征收情况，按最低额度确定预算征收额。

④没收财物变价款类。可以参照近三年的征收情况，按最低额度确定预算征收额。

⑤无主财物变价款类。可以参照近三年的征收情况，按最低额度确定预算征收额。

⑥赃款和赃物变价款类。可以参照近三年的征收情况，按最低额度确定预算征收额。

(2) 代收预算内资金筹集预算方法

代收预算内资金筹集测算方法主要有四种，即算术平均法、加权平均法、经验判断法、回归分析法。这些方法的具体介绍和应用，请参见本书行政单位预算管理章节有关内容。

2. 代收财政专户资金筹集

代收财政专户资金筹集主要包括排灌油电费、水费等预算外资金。

(1) 代收财政专户资金筹集预算依据

代收财政专户资金筹集预算是在综合考虑到历史上代收的各项财政专户资金筹集情况和预算期内有关因素变动的基础上，进行适当调整后，设定的管理目标。

事业单位代收的预算外资金实行全额上缴的，收到时全部作为应缴财政专户款；实行比例上缴的，只有按上缴比例计算出的部分金额作为应缴财政专户款；实行结余上缴的，收到预算外资金时不作为应缴财政专户款，只有当定期计算出结余时，结余部分才转为应缴财政专户款。

(2) 代收财政专户资金筹集预算方法

请参见上述“代收预算内资金筹集预算方法”有关内容。

(二) 代收财政资金上缴预算管理

1. 代收预算内资金上缴预算管理

乡镇事业单位代收的预算内资金必须在当月月末前全部上缴同级财政，不得截留或挪作他用。代收预算内资金上缴预算与代收预算内资金筹集预算相对应。

2. 代收财政专户资金上缴预算管理

乡镇事业单位当月代收的财政专户资金在月末前上缴同级财政，每年年末均应清理结缴国家财政专库，不留余额。代收财政专户资金上缴预算与代收财政专户资金筹集预算相对应。

二、资金来源和支出预算管理实务

（一）资金来源预算管理

乡镇事业单位资金来源主要有：

1. 财政补助收入，指事业单位直接从财政部门取得的或通过主管部门从财政部门取得的各类事业经费，包括经常经费和专项资金，但不包括财政对事业单位的基本建设投资。在编制预算时，可以根据规定的补助办法和标准等核定。

2. 上级补助收入，指事业单位直接从主管部门和上级单位用财政补助收入之外的收入，如自身组织的收入或集中下级单位的收入拨给事业单位的资金。在编制预算时，可以根据向上级单位申请批准的补助金额等核定。

3. 拨入专款，指事业单位收到财政部门、上级单位或其他单位拨入的指定用途，并需要单独报账的专项资金，主要用于科研课题经费、挖潜改造支出、科技三项费用。在编制预算时，可以根据承接的项目及其经费等核定。

4. 事业收入，指事业单位通过开展专业业务活动及其辅助活动取得的收入。在编制预算时，可以根据上年同期实际发生额核定。

5. 经营收入，指事业单位在专业业务活动及其辅助活动之外开展非独立核算经营活动取得的收入。在编制预算时，可以根据经营目标等核定。

6. 附属单位缴款，指附属的独立核算的事业单位上缴的收入和附属的独立核算的企业上缴的利润，但不包括附属单位补偿事业单位在支出中垫支的各种费用。在编制预算时，可以根据规定的办法和标准核定。

7. 其他收入。指事业单位取得的一些其他收入，例如：投资收益、房屋出租收入、固定资产变价收入、利息收入等。在编制预算时，对于房屋出租收入等收入稳定的其他收入，在编制月份、季度、年度经费来源预算时，应该计入预算内；对于固定资产变价收入等偶然性收入，除非能确定在预算期内能取得收入，否则可以暂不计入预算内。

例、资金来源预算表实例

资金来源预算表

预算期：2004年第一季度

编制单位：A事业单位　　　　　　　　　　单位：(元)

类　别	1月	2月	3月	一季度经费来源
上年结余				
财政补助收入				
上级补助收入				
拨入专款				
事业收入				
经营收入				
附属单位缴款				
其他收入				
合　计				

（二）资金支出预算管理

1. 乡镇事业单位资金支出的构成：

（1）事业支出，指事业单位开展各项专业业务活动和其他辅助活动发生的各种支出。按支出用途，事业支出主要有：基本工资、补助工资、其他工资、职工福利费、社会保障费、助学金、公务费、设备购置费、修缮费、业务费、其他费用。

（2）拨出经费，指事业单位按核定的预算拨付所属单位的预算资金。

（3）拨出专款，指事业单位拨给所属单位用于科研课题经费、挖潜改造支出、科技三项费用等项目，需要单独报账的资金。

（4）专款支出，指由财政部门、上级单位和其他单位拨入的指定项目或用途并需要单独报账的专项资金支出。

（5）经营支出，指事业单位在专业业务活动及其辅助活动之外开展非独立核算经营活动发生的支出。

（6）上缴上级支出，指事业单位按规定的标准和比例上交上级单位的支出。

（7）附属单位补助，指事业单位用非财政预算资金对附属单位补助发生的支出。

（8）基本建设支出，指事业单位列入基本建设计划，用国家基本建设资金或者自筹资金安排的固定资产更新、扩建和改建项目支出。

乡镇事业单位编制资金支出预算时，应将不可预见费考虑在内，以用于对突发事项的经费开支。

乡镇事业单位编制资金支出预算时，应正确处理下列一些关系：①在事业维持经费和发展经费之间，应首先保证现有事业的维持费用，然后根据事业发展需要和财力状况，适当安排事业发展费用，例如：大型设备购置等。②在行政性支出和业务支出之间，应压缩行政性开支，大力支持业务性活动。③对于各种业务性支出，要把握好轻重缓急，分清主次先后，妥善安排，对于重点项目要优先保证。

2. 事业支出经费预算编制

(1) 工资、福利费、社会保障费预算编制

乡镇行政单位应根据核定的人员编制、各项资金支出开支标准等，通过计算来编制。

例、A事业单位××年第三季度工资、福利费、社会保障费预算表

工资、福利费、社会保障费预算表

预算期：××年第三季度

编制单位：A事业单位　　单位：(元)

类　别	7月	8月	9月	三季度合计
基本工资				
补助工资				
其他工资				
职工福利费				
社会保障费				
合计				

(2) 助学金预算编制

学校可以根据规定的办法和标准核定。

(3) 公务费预算编制

对于按人头定额核定的资金支出，应根据核定的人员编制和标准计算确定；对于水电费和取暖费等资金支出，可以根据上年同期实际数，并适当考虑物价变动等因素来核定。

例、A事业单位××年第三季度公务费预算表

公务费预算表

预算期：××年第三季度

编制单位：A 事业单位　　　　　　　　　　　　单位：（元）

类　别	7 月	8 月	9 月	三季度合计
办公费				
邮电费				
水电费				
公用取暖费				
工作人员差旅费				
调干旅费				
调干家属旅费补助				
器具设备费				
车船保养修理费				
机动车船燃料费				
牧区办公车、马费				
会议费				
合计				

（4）设备购置费、修缮费预算编制

可以根据预算期内设备更新计划、修缮计划和市场报价行情来核定。

例、A 事业单位××年第三季度设备购置费、修缮费预算表

设备购置费、修缮费预算表

预算期：××年第三季度

编制单位：A事业单位　　　　单位：（元）

类　别	7月	8月	9月	三季度合计
设备购置费				
修缮费				
合计				

（5）业务费预算编制

对于临时出国人员经费支出，可以根据外事安排和费用定额核定；对于账、册、资料、材料印刷费等支出，可以根据上年同期实际发生额来核定。

（6）其他费用支出预算编制

可以根据有关各项费用上年同期实际发生额来核定。

3. 拨出专款预算编制

可以根据有关项目或工作任务的工作安排来核定。

例、A事业单位××年第三季度拨出专款支出预算表

拨出专款支出预算表

预算期：××年第三季度

编制单位：A事业单位　　　　单位：（元）

类　别	7月	8月	9月	三季度合计
用于科研课题经费				
挖潜改造支出				
科技三项费用				
……				

续前表

合计				

4. 拨出经费支出预算编制

可以根据有关各项费用上年同期实际发生额来核定。

例、A乡医院××年第三季度拨出经费支出预算表

拨出经费支出预算表

预算期：××年第三季度

编制单位：A乡医院 单位：(元)

类　别	7月	8月	9月	三季度合计
甲村诊所				
乙村诊所				
……				
合计				

5. 经营支出预算编制

经营支出包括事业单位从事经营活动及其机构所发生的工资、办公费等损益性期间费用和销售成本等支出。在编制预算时，对于工资、福利费等人员支出，可以根据核定的人员编制、各项资金支出开支标准等，通过计算来编制；对于按人头定额核定的支出，应根据核定的人员编制和标准计算确定；对于水电费和取暖费等支出，可以根据上年同期实际数，并适当考虑物价变动等因素来核定；对于销售成本，可以根据销售预算核定。

例、A事业单位××年第三季度经营支出预算表

经营支出预算表

预算期：××年第三季度

编制单位：A事业单位　　　　　　　　单位：（元）

类　别	7月	8月	9月	三季度合计
办公费				
工资				
职工福利费				
社会保障费				
邮电费				
水电费				
公用取暖费				
差旅费				
器具设备费				
车船保养修理费				
销售成本				
……				
合计				

6. 专款支出预算编制

编制预算时，可以根据项目进度、所需资金开支用途、有关支出开支标准等核定。

例、A事业单位××年第三季度专款支出预算表

专款支出预算表

预算期：××年第三季度

编制单位：A事业单位　　　　单位：(元)

类　别	7月	8月	9月	三季度合计
办公费				
邮电费				
水电费				
工资				
差旅费				
器具设备费				
……				
合计				

7. 上缴上级支出预算编制

编制预算时，可以根据规定的上缴办法、标准等核定。

8. 附属单位补助预算编制

编制预算时，可以根据附属单位补助申请和领导审批情况等核定。

9. 结转自筹基建经费预算编制

可以根据预算期内的基建计划、预算外资金收入和其他收入的结余额等来核定。

（三）乡镇事业单位往来账资金收支预算管理

1. 债权回收预算编制

可以根据有关业务资料、应收账款、预付账款、其他应收款账面记录等来核定。

2. 到期债务支出预算编制

可以根据有关业务资料、应付账款、预收账款、其他应付款账面记录等来核定。

（四）乡镇事业单位采购预算、生产预算和产品成本预算管理

请参见本书企业“采购预算”、“生产预算”和“产品成本预算”章节有关内容。

（五）乡镇事业单位融资和投资预算管理

融资预算，可以根据借款计划、银行约定贷款额度和条件等核定。

投资预算，可以根据股权投资方案、投资协议等核定。

（六）乡镇事业单位现金预算管理

请参见本书企业“现金预算”章节有关内容。

（七）乡镇事业单位固定资产建设项目投资预算管理

请参见本书企业“固定资产建设项目投资预算”章节有关内容。

（八）乡镇事业单位财务总预算管理

1. 预计资产负债表

乡镇事业单位预计资产负债表可以依据基期资产负债表、财政资金筹集与上缴预算、各项资金来源预算、各项资金支出预算、各项往来账资金收支预算、各项生产预算和产品成本预算、各项融资和投资预算、现金预算等来编制。

乡镇事业单位预计资产负债表编制方法，请参见企业预计资产负债表编制方法章节有关内容。

例、预计资产负债表实例

预计资产负债表

编制单位： 年 月 日 单位：（元）

资产部类	行次	年初数	年末数	负债部类	行次	年初数	年末数
一、资产类				二、负债类			
现 金				借入款项			
银行存款				应付账款			
应收账款				预收账款			
预付账款				其他应付款			
其他应收款				应缴预算款			
材料				应缴财政专户款			
产成品				应交税金			
对外投资				负债合计			
固定资产				三、净资产			
无形资产				事业基金			
资产合计				其中：一般基金			
				投资基金			
				固定基金			
				专用基金			
五、支出类				事业结余			
拨出经费				经营结余			
拨出专款				净资产合计			
专款支出				四、收入类			
事业支出				财政补助收入			
经营支出				上级补助收入			
成本费用				拨入专款			

续前表

销售税金				事业收入			
上缴上级支出				经营收入			
附属单位补助				附属单位缴款			
结转自筹基建				其他收入			
支出合计				收入合计			
资产部类总计				负债部类总计			

2. 预计收入支出总表

乡镇事业单位预计收入支出总表可以依据各项资金来源预算、各项资金支出预算等来编制。

乡镇事业单位预计收入支出总表编制方法，请参见本章预计资产负债表编制方法。

例、预计收入支出总表

预计收入支出总表

编制单位：　　　　年　月　日　　　　单位：（元）

收　入		支　出		结　余	
项　目	累计数	项　目	累计数	项　目	累计数
财政补助收入		拨出经费		事业结余 1. 正常收支结余 2. 收回以前年度事业支出	
上级补助收入		上缴上级支出			
附属单位缴款		对附属单位补助			
事业收入		事业支出			
其中：预算外资金收入		其中：财政补助支出			

续前表

其他收入		预算外资金支出			
		销售税金			
		结转自筹基建			
小　计		小　计			
经营收入		经营支出		经营结余	
		销售税金		结余分配	
小　计		小　计		1. 应交所得税	
拨入专款		拨出专款		2. 提取专用基金	
		专款支出		3. 转入事来基金	
小　计		小　计		4. 其他	
总　计		总　计			

第三节　村集体经济组织财务预算会计实务

一、代收代管款筹集与上缴预算管理实务

（一）代收代管款筹集预算编制管理

村集体经济组织为乡镇代收的政府行政性收费主要有合作医疗基金、水费、畜禽防疫基金、排灌油电费等。

在编制代收代管款筹集预算时，主要是根据乡镇政府规定的征收办法、标准，通过计算核定。例如：

1. 合作医疗基金。通常是按人头为计算基数，以每人每年应收额为计算标准，计算确定预算征收额。

2. 水费和排灌油电费。通常是按承包的田亩为计算基数，以每亩每年应收额为计算标准，计算确定预算征收额。

3. 畜禽防疫基金。通常是按饲养畜禽的自然数量为计算基数，以每畜禽每年应收额为计算标准，计算确定预算征收额。

例、甲村2004年代收代管款筹集预算表

代收代管款筹集预算表

预算期：2004年

编制单位：甲村　　　　　　　　　　单位：（元）

类　别	金　额
合作医疗基金	
水费	
畜禽防疫基金	
排灌油电费	
……	
合计	

（二）代收代管款上缴预算编制管理

村集体经济组织代收的政府行政性收费应及时上缴乡镇财政部门，不得截留或挪作他用。每年年末均应清理结缴乡镇财政部门，不留余额。代收的政府行政性收费上缴预算与代收的政府行政性收费筹集预算相对应。

二、资金来源与支出预算管理实务

（一）资金来源预算管理

村集体经济组织资金来源主要有：

1. 经营收入，指村集体经济组织当年因销售商品、农产品、对外提供劳务等发生的各项经营收入。在编制预算时，可以上年同期实际经营收入和预算期内的经营规划等核定。

2. 发包及上交收入，指农户和其他单位承包集体耕地、林地、果园、鱼塘等上交的承包金及村（组）办企业上交的利润等。在编制预算时，可以根据预算期内发包情况和收取标准、有关上交收入的规定等核定。

3. 投资收益，指村集体经济组织对外投资取得的收益或发生的损失。因市场经营带有一定的风险性，投资收益不确定性很大，在编制预算时，可以暂不考虑。

4. 补助收入，指村集体经济组织收到的财政等部门的补助资金。在编制预算时，可以根据村集体经济组织向乡镇申请审批的事项及其金额核定。

5. 其他收入。指村集体经济组织发生的罚款收入、存款利息收入、固定资产及库存物资的盘盈收入等。因这些收入的发生很不确定，在编制预算时，可以暂不考虑。

6. 一事一议资金筹资。指村集体经济组织兴办生产、公益事业，按一事一议的形式筹集的专项资金。在编制预算时，可以根据通过一事一议的形式议定的方式和标准核定。

例：资金来源预算表实例

资金来源预算表

预算期：2004 年第一季度

编制单位：甲村　　　　　　　　　　　　单位：（元）

类　别	1月	2月	3月	一季度经费来源
经营收入 发包及上交收入				
投资收益 补助收入 其他收入				

类别	1月	2月	3月	一季度经费来源
一事一议资金筹资				
合计				

（二）资金支出预算管理

村集体经济组织资金支出的构成：

（1）经营支出，指村集体经济组织当年因销售商品、农产品、对外提供劳务等发生的实际支出。

（2）管理费用，指村集体经济组织管理活动发生的各项支出，如管理人员工资、办公费、差旅费、管理用固定资产的折旧和维修费用等。

（3）其他支出，指村集体经济组织与经营管理活动无直接关系的其他支出。如公益性固定资产折旧费用、利息支出、农业资产的死亡毁损支出、固定资产及库存物资的盘亏、损失、防汛抢险支出、无法收回的应收款项损失、罚款支出等。

（4）一事一议资金支出，指村集体经济组织用一事一议资金兴办的生产、公益事业。

村集体经济组织编制资金支出预算时，应将不可预见费用考虑在内，以用于对突发事项的经费开支。

2. 经营支出预算编制

村集体经济组织应根据经营收入预算、收入成本率等，通过计算来编制。

经营支出预算表

预算期：××年第三季度

编制单位：甲村　　　　单位：（元）

类　别	7月	8月	9月	三季度合计
销售商品				
销售农产品				
对外提供劳务				
合计				

3. 管理费用预算编制

村集体经济组织管理费用预算编制，工资、福利费等人员支出，可以根据核定的人员编制、各项资金支出开支标准等，通过计算来编制；对于按人头定额核定的支出，应根据核定的人员编制和标准计算确定；对于水电费和取暖费等支出，可以根据上年同期实际数，并适当考虑物价变动等因素来核定。

例、甲村××年第三季度管理费用预算表

管理费用预算表

预算期：××年第三季度

编制单位：甲村　　　　单位：（元）

类　别	7月	8月	9月	三季度合计
办公费				
工资				
职工福利费				
社会保障费				

续前表

邮电费				
水电费				
公用取暖费				
差旅费				
……				
合计				

4. 其他支出预算编制

对于公益性固定资产折旧费用，可以根据既定的折旧方法计算确定；对于实物盘亏、罚款等其他支出，因这些支出的发生很不确定，在编制预算时，可以暂不考虑。

5. 一事一议资金支出预算编制

可以根据一事一议项目进度、固定资产建设项目施工预算等核定。

（三）村集体经济组织往来账资金收支预算管理

1. 债权回收预算编制

可以根据有关业务资料、应收款项账面记录等来核定。

2. 到期债务支出预算编制

可以根据有关业务资料、应付款项账面记录等来核定。

（四）村集体经济组织采购预算、生产预算和产品成本预算管理

请参见本书企业“采购预算”、“生产预算”和“产品成本预算”章节有关内容。

（五）村集体经济组织融资和投资预算管理

融资预算，可以根据借款计划、银行约定贷款额度和条件、短期借款和长期借款及应付款账面记录等核定。

投资预算，可以根据股权投资方案、投资协议等核定。

（六）村集体经济组织现金预算管理

请参见本书企业“现金预算”章节有关内容。

（七）村集体经济组织固定资产建设项目投资预算管理

请参见本书企业“固定资产建设项目投资预算”章节有关内容。

（八）村集体经济组织财务总预算管理

1. 预计资产负债表

村集体经济组织预计资产负债表可以依据基期资产负债表、代收代管款筹集与上缴预算、各项资金来源预算、各项资金支出预算、各项往来账资金收支预算、各项融资和投资预算、现金预算等来编制。

村集体经济组织预计资产负债表编制方法，请参见企业预计资产负债表编制方法章节有关内容。

例、预计资产负债表实例

预计资产负债表

编制单位：　　　　　　年　月　日　　　　　单位：(元)

资产	行次	年初数	年末数	负债及所有者权益	行次	年初数	年末数
流动资产：				流动负债：			
货币资金				短期借款			
短期投资				应付款项			
应收款项				应付工资			
存货				应付福利费			
流动资产合计				流动负债合计			
农业资产：				长期负债：			
牲畜(禽)资产				长期借款及应付款			
林木资产				一事一议资金			
农业资产合计				长期负债合计			

续前表

长期资产：				负债合计			
长期投资							
固定资产：							
固定资产原价				所有者权益：			
减：累计折旧				资本			
固定资产净值				公积公益金			
固定资产清理				未分配利润			
在建工程				所有者权益合计			
固定资产合计							
资产总计				负债和所有者权益总计			

2. 预计收益表

村集体经济组织预计收益表可以依据各项资金来源预算、各项资金支出预算等来编制。

村集体经济组织预计收益表编制方法，请参见本章预计资产负债表编制方法。

例：预计收益表

预计收益表

填报单位：　　　　　　　　年度　　　　　　　　单位：元

项　　目	金　　额
一、经营收入	
加：发包及上交收入	
投资收益	
减：经营支出	
管理费用	
二、经营收益	

续前表

补助收入	
其他收入	
减：其他支出	
三、本年收益	

第三章　企业财务预算会计实务

第一节　企业资金来源预算管理实务

一、销售回款预算管理实务

（一）销售回款预算依据

销售回款预算是对企业销售业务进行管理控制的重要指标之一，它是在综合考虑企业历史销售回款情况和当期经营规划等因素的基础上设定的销售管理目标，它要求企业营销机构及其人员在组建营销网络，维护客户关系，扩大销售的同时，优化销售结算方式和落实日常的销售催款工作，从而及时回收营运资金，减少可能的坏账损失。企业销售回款预算的编制依据主要为：

1. 近期和历史销售回款记录

我们可以从企业近三年的销售回款情况，测算各年销售回款占当年销售总额的比率，进而通过一定的预算方法分析判断预算期的销售回款比率。近三年的销售回款记录，可以从财务账面分析收集，或要求销售部门及其人员根据销售管理台账提供。

2. 赊销等销售管理政策及其变动情况

企业是否进行赊销、现金折扣率、信用期限、信用期届满时的收账措施、客户信用管理政策等，对销售回款的影响较大，在编制销售回款预算时，应合理考虑并预测其影响程度，并对预算进行适当修正。

3. 企业销售预算

企业预算期内销售额的大小，在一定意义上限定了销售回款的最大额度，而且在实践中销售回款预算要依据销售预算进行测算。企业销售预算通常由销售部门提供。

4. 经济环境及其变化情况

国家和区域范围内经济的稳定性，和行业内的技术革新等大环境的现状及其发展趋势，对企业产品的销售会产生很大的影响，在编制销售回款预算时，应合理考虑并预测其影响程度，并对预算进行适当修正。

5. 市场环境及其变化情况

企业产品市场区域构成及产品市场份额的变化、竞争对手势力及其发展态势、替代产品等情况，都会对预算期内的销售额和销售回款产生影响，在编制销售回款预算时，应合理考虑并预测其影响程度，并对预算进行适当修正。

6. 其他相关资料

此外，我们还要兼顾到其他相关因素对销售回款预算的影响，例如：产品价格政策变化情况、产品客户构成变化情况、产品种类和结构的变化等，在合理预测其影响程度后，对预算进行适当修正。

（二）销售回款预算方法

销售回款预算常用预算期销售额与销售回款比率的乘积来计算。预算期销售额可以根据企业销售部门提供的销售预算审定；而销售回款比率则需要根据企业以往销售回款情况的历史数据，运用一定方法进行测算。因为企业前后期的销售管理政策调整和经济环境变化等因素影响，有时测算值不能代表企业预算期的回款比率，预算会计需根据客观影响情况，对测算值进行修正，最终测定预算期的回款比率。

在实践中，有些企业为了节省工作量，销售回款率测定后，就设定为年度内各预算期的销售回款率。

例、AB公司销售回款预算，是由销售预算与本季度内各月的销售回款率计算确定。AB公司当月的赊销款分别在当月、次月、第三月收回，相应的销售回款率分别为60%、25%、15%。

AB公司2002年第一季度销售回款预算表

单位：(万元)

类　别	1月	2月	3月	一季度回款
上季余额40	28	12		40
1月份回款（销货100）	60	25	15	100
2月份回款（销货120）		72	30	102
3月份回款（销货90）			54	54
预计回款合计	88	109	99	296

销售回款率测算方法主要有四种，即算术平均法、加权平均法、经验判断法、回归分析法。其中，回归分析法运用经济统计学的原理，通过建立数学模型，进行分析预测，通常需要的经济数据多，工作量大，烦琐，在此不作过多介绍。

1. 算术平均法

算术平均法可以用来测算反映预期销售回款额占销售总额的比率，企业可以用近几年销售回款比率的平均数来确定。

例如，AB公司近3年的销售回款比率分别为：2003年62.5%、2002年63%、2001年56%，则：预期销售回款比率＝近3年销售回款比率之和÷3×100%＝（62.5%＋63%＋56%）÷3×100%＝

60.5%。企业按此方法计算出的预期销售回款比率暗含了许多假设前提，因此，企业需要根据其他因素对销售回款的影响情况，作适当的修正。

2. 加权平均法

加权平均法，是在综合考虑了远期和近期市场可能的变化情况下，用来测算反映预期销售回款额占销售总额的比率，企业可以用近几年销售回款比率及其权数的总和来计算确定平均数。

例如，AB公司近3年的销售回款比率、权数如下表：

项目名称	销售回款比率	权 数
2003年	62.5%	5
2002年	63%	3
2001年	56%	2

预期销售回款比率＝（62. 5%×5＋63%×3＋56%×2）÷（5＋3＋2）×100%＝61. 35%。

企业按此方法计算出的预期销售回款比率暗含了许多假设前提，因此，企业需要根据其他因素对销售回款的影响情况，作适当的修正。

3. 经验判断法

经验判断法，是财务预算会计在综合考虑以往销售回款情况和预算期内可能的变化情况后，根据自身的经验对预期销售回款比率作出的判断。这种方法需要财务预算会计具有很强的职业判断力，而且这种方法科学依据性不强，信服力较差。但是，在实际工作中，因这种方法简单，不需要高深的分析计算方法，在一些老企业还比较常见。

此外，这种方法还可以用作上述算术平均法和加权平均法的补充，对这两种方法的计算结果进行修正，即在分析测定其他相关因素对销售回款预算的影响时，因这些因素定量性较差，有些还比较综合，在工作中可以用经验判断法进行测定。

二、债权回收预算管理实务

（一）债权回收预算依据

企业债权主要有应收账款和应收票据等，通常由企业赊销形成。赊销在一定程度上有利于企业扩大产品销路，增加销售量，但是在实际工作中也使货款不能及时回收，成为债权，企业如果不能采取措施保证货款及时清结，势必不仅影响货币资金的回笼，而且会使企业承担可能的坏账损失。

债权回收预算管理，有利于企业给有关部门和人员设定催收货款的工作任务目标和压力，保证企业债权清结和资金回收，为企业生产经营运转落实资金来源。企业债权回收预算的编制依据主要为：

1. 债权及其账龄记录

债权按其账龄和收回的风险程度不同，可以分为赊销期内债权、超过赊销期并在 3 个月以内的债权、超过 3 个月并在 1 年以内的债权、超过 1 年的债权。账龄越长，债权不能收回的可能性越大。债权及其账龄记录可以从财务账面分析收集。

2. 债权近期和历史回收记录

根据企业债权管理的一般特点，即赊销期内债权是企业自愿提供商业信用；对于超过赊销期并在 3 个月以内的债权，采用温和催款的方式收账；对于超过 3 个月并在 1 年以内的债权，采用积极催款的方式收账；对于超过 1 年的债权，采用诉讼等强硬手段索债，我们可以从企业债权近期和历史回收记录，分类测算债权回收占各类债权总额的比率，进而通过一定的预算方法分析判断预期的债权回收额。债权回收记录，可以从财务账面分析收集，或要求销售部门及其人员根据销售管理台账提供。

3. 清债管理政策及其变动情况

企业债权管理的方法手段、清债力度大小等，对债权回收的影响较大，在编制债权回收预算时，应合理考虑并预测其影响程度，并对预算进行适当修正。

4. 债务方信用及其财务和经营状况

债务方信用及其财务和经营状况，主要指债务方的品质、偿债能力、经营管理能力、收益能力等，这对企业债权回收具有重要意义。对债务方这些信息的收集，主要靠债务方提供的会计报表，其次企业可以调查债务方与其他客户单位的业务往来情况，运用一定的分析方法，来评价债务方信用等情况，从而判断债权回收的可能性。

5. 应收票据金额及其到期日

应收票据主要指企业从客户方收进的汇票和支票等。在正常情况下，票据变现的金额及时间可以合理确定，在编制预算时，可以直接确定下来，如果发生退票等影响变现的事宜，可以作为例外情况处理。通常，应收票据金额及其到期日可以从财务人员经管的应收票据管理台账上收集。

6. 其他相关资料

影响债权回收预算的因素比较多，除上述债权回收预算编制依据外，例如：疾病、战争、自然灾害等不可抗力因素，债务单位因突发事件导致财务状况恶化等，在合理预测其影响程度后，对预算进行适当修正。

（二）债权回收预算方法

债权回收预算常用超过赊销期的债权额与债权回收率的乘积来计算。超过赊销期的债权额可以从会计账面分析确定；而债权回收率则需要根据企业以往债权回收情况的历史数据，运用一定方法进行测算。

因为企业清债管理政策调整和债务方财务状况等因素影响，有时测算值不能代表企业预算期债权回收情况，预算会计需根据客观影响情况，对测算值进行修正，最终测定预算期的债权回收率。

在实践中，有些企业为了节省工作量，债权回收率测定后，就设定为年度内各预算期的债权回收率。

例、AB公司债权回收预算

AB公司×年第一季度债权回收预算表

单位：(万元)

类　别	1月	2月	3月	一季度清债
年初1年以上债权100	18	16	12	46
1月份清债（增债15）		2.7	2.4	5.1
2月份预计（增债18）			3.24	3.24
3月份预计（增债12）				0
一季度预计清债合计	18	18.7	17.64	54.34

债权回收率的计算方法主要有两种，即算术平均法、经验判断法。

1. 算术平均法

算术平均法可以用来测算反映预期各账龄段债权回收额占其总额的比率，企业可以用近几年各账龄段债权回收率的平均数来确定。

例如，AB公司近3年各账龄段债权回收率如下表：

项目名称	2003年	2002年	2001年
赊销期内债权	86%	85.5%	87%
超过赊销期并在3个月以内债权	60%	52.4%	61%
超过3个月并在1年以内债权	45%	47%	42%
超过1年的债权	18%	20%	13%

预期各账龄段债权回收率为：

①赊销期内债权回收率＝近3年债权回收率之和÷3×100%＝

（86%+85.5%+87%）÷3×100%=86.17%；

②超过赊销期并在3个月以内债权回收率=（60%+52.4%+61%）÷3×100%=57.8%；

③超过3个月并在1年以内债权回收率=（45%+47%+42%）÷3×100%=44.67%；

④超过1年的债权回收率=（18%+20%+13%）÷3×100%=17%。

企业按此方法计算出的预期各账龄段债权回收率暗含了许多假设前提，因此，企业需要根据其他因素对各账龄段债权回收的影响情况，作适当的修正。

2. 经验判断法

经验判断法，是财务预算会计在综合考虑以往各账龄段债权回收情况和预算期内可能的变化情况后，根据自身的经验对预期各账龄段债权回收率作出的判断。这种方法需要财务预算会计具有很强的职业判断力，而且这种方法科学依据性不强，信服力较差。

此外，这种方法还可以用作上述算术平均法的补充，对其计算结果进行修正，即在分析测定其他相关因素对各账龄段债权回收预算的影响时，因这些因素定量性较差，有些还比较综合，在工作中可以用经验判断法进行测定。

三、商业信用融资预算管理实务

（一）商业信用融资预算依据

企业商业信用融资主要有赊购、应付票据结算和预收款销售等，有些商业信用融资不仅可以使企业无成本地使用客户单位的资金，而且可以增加企业经营的资金量，有利于扩大经营规模。商业信用融资预算管理可以使企业合理筹集使用低成本和无成本的资金。企业商业信用融资预算的编制依据主要为：

1. 近期和历史预收款销售记录

预收款销售可以缓解企业资金不足的矛盾，并可以解决对客户信用度信心不足的忧虑。对于生产性企业，预收款销售可以利用客户提供的资金安排生产客户需求的产品；对于商贸企业，它可以利用客户提供的资金采购和准备货源，以达到减少或分散市场风险和经营风险的目的。但是，对客户来说，预收款销售有时是一种比较苛刻的销售政策，往往会因此影响企业的销售量和销售额。近三年的预收款销售记录，可以从财务账面分析收集，或要求销售部门及其人员根据销售管理台账提供。

2. 销售管理政策及其变动情况

预收款销售管理政策对企业利用商业信用融资影响较大，在编制商业信用融资预算时，应合理考虑并预测其影响程度，并对预算进行适当修正。

3. 应付票据金额及其到期日

票据是一种结算方式，而且，非即期的应付票据还是一种融通资金的方式。应付票据金额及支付时间可以合理确定，在编制预算时，应当将该项资金支出及时计算在内。应付票据金额及其到期日，可以从财务人员经管的应付票据管理台账上收集。

4. 供货商能够提供的商业信用额度

在实际工作中，并不是所有客户都愿意提供商业信用，而且，有的客户即使愿意提供也要经过一定的信用评估和审批后才能确定授信的额度。因此，企业能取得商业信用融资的多少，一要受自身生产经营业务量的限制，二要取决于客户们愿意提供的商业信用。这些商业信用资料可以由采购部门根据业务资料提供，或从财务账面分析填列。

5. 销售折扣资金成本分析资料

对于供货商提供了销售折扣的应付货款，在折扣期内企业是否付款，一要看企业可以运转的货币资金量的多少，二要分析销售折扣资金成本的高低，如果企业资金既紧张，销售折扣资金成本又比借款低，则多半会放弃供货商提供的销售折扣，继续占用该商业信用融资，这样企业可以更经济合理地使用资金。

6. 其他相关资料

我们还要兼顾到其他相关因素对商业信用融资预算的影响，例如：企业负债经营管理政策、关联单位之间资金相互调剂等，在合理预测其影响程度后，对预算进行适当修正。

（二）商业信用融资预算方法

商业信用融资主要有三类，其预算方法也不相同。

1. 应付票据。在出票时，应付票据金额及支付时间可以合理确定，在编制预算时，可以采用直接认定法，即直接将该项资金支出计算在内。

2. 预收款销售。预收款融资预算方法主要有四种，即算术平均法、加权平均法、经验判断法、回归分析法。具体预算方法运用，参见“销售回款预算”相关内容，在此不再赘述。

3. 应付账款。应付账款融资预算方法主要有算术平均法和经验判断法。具体预算方法运用，参见“销售回款预算”相关内容。

（三）商业信用融资预算实例

例、AB公司预计第二季度资金缺口50万元，第三季度资金富余90万元左右，于是要求采购部门在洽谈的4月份采购支付计划中，安排了75万元的4个月期的汇票付款。

预算会计在编制预算时，将此75万元应付汇票的货款列入4月份商业信用融资预算（见下表）。

AB公司×年第二季度商业信用融资预算表

单位：（万元）

类　别	4月	5月	6月	2季度商业信用融资
预收账款	10	10	10	30
应付账款	9	9	9	27
应付票据	75			75
……				
二季度预计商业信用融资合计	94	19	19	132

四、借款预算管理实务

（一）借款预算依据

借款主要有短期借款和长期借款。借款是企业获取资金，壮大经营规模，和增加厂房及设备等资本性支出的资金来源途径之一。当企业预期的资金支出大于其他方式所能筹集的资金来源，或者借款资金成本低于商业信用融资成本时，向银行等金融机构借款是一种比较好的融资方式。

借款预算管理，有助于企业及时合理地衔接资金来源不足或滞后的状况，解决生产经营资金供少于求的矛盾，有助于企业安排落实设备购置和项目建设等资本性支出的资金来源，也有利于企业经济合理地使用资金。企业借款预算的编制依据主要为：

1. 企业预期资金支出情况

在编制现金预算过程中资金支出预算大于来源预算时，为了弥补资金不足的矛盾，保证企业生产经营活动的进行，结合银行贷款的审批条件，对企业预算期内需要借款解决资金来源的支出项目作出估算和安排。

对于企业固定资产投资项目资金支出，结合企业投融资计划，对投资项目所需的长期借款按项目进度有计划有目标地作出安排。

2. 其他相关资料

我们还要兼顾到其他相关因素对借款预算的影响，例如：上级单位拨款、职工借款融资等，在合理预测其影响程度后，对预算进行适当修正。

（二）借款预算方法

借款预算方法主要是依据借款合同约定内容，直接认定。

借款按其用途和偿还期限，可以分为短期流动资金借款和长期资本性支出借款。对于短期流动资金借款，借款预算可以作为企业在编制现金预算过程中资金短缺时的周转，并合理考虑银行贷款的审批条件，综合分析后确定。对于长期资本性支出借款，可以依据借款协议和借款事项的进度，确定预算期内可以取得和使用的借款额。

（三）借款预算实例

例、AC公司3月份预计第二季度流动资金不足，缺口约29万元，于是从市商业银行办理3个月短期贴息贷款，借款30万元，贷款年利率9%，借款5月份可以入账。扣除贴息0. 675万元，AB公司可增加借款资金29. 325万元。

预算会计在编制预算时，将此29. 325万元借款列入5月份借款预算（见下表）。

AC公司×年第二季度借款预算表

单位：（万元）

类　别	4月	5月	6月	二季度借款
短期借款		29.325		29.325
长期借款				
……				
二季度预计借款合计		29.325		29.325

五、证券融资预算管理实务

（一）证券融资预算依据

企业证券融资主要有股票上市发行融资、配股发行融资和债券发行融资等。企业通过发行股票或债券从证券市场吸收社会资金，一般筹集资金量大，但企业须依法满足一定的资格条件，并须经有关政府管理部门批准，而且，证券融资需要时间长，融资成本高。企业证券融资预算的编制依据主要为：

1. 发行价格和证券上市盘面大小

发行价格和盘面大小一方面反映企业期望从证券市场筹集的资金量，另一方面也关系着企业能否获得上市审批和能否发行成功。

2. 证券发行方式

证券发行方式主要有包销和承销两种，前者企业上市发行无风险，能及时预知可以筹集的资金量；后者，企业上市能否可以筹集资金及筹集资金量的大小，难以及时预知。

3. 股市大盘和行业股走势

股市大盘反映证券市场大气候的兴旺和低迷，影响着投资者的购买证券赚钱心理和投资兴趣；行业股走势的强弱，在一定程度上能预示着企业证券发行难易程度和融资情况。

4. 其他相关资料

此外，我们还要兼顾到其他相关因素对证券融资预算的影响，例如：企业资产质量及上市包装情况、上市公告所反映的生产经营管理能力和盈利能力、投资者偏好等，在合理预测其影响程度后，对预算进行适当修正。

（二）证券融资预算方法

证券融资预算方法主要取决于证券发行方式。

1. 包销发行。因券商包销证券，证券发行上市的风险全部转移到券商身上，上市企业不再承担上市风险，且证券发行上市可以筹集的资金和上市费用等可以立即计算出来，故包销发行证券融资预算可以采用直接认定法。

2. 承销发行。采用承销发行，如果券商在法定期限内不能将上市的证券售出，风险全部由上市企业承担。承销发行证券融资预算方法主要有经验判断法和回归分析法。采用经验判断法时，可以由券商协助，根据上市企业的条件和证券市场的综合情况，选择证券上市方案，凭经验测定证券融资额。采用回归分析法时，可以由券商协助，建立分析模型，选择证券上市方案，并测定证券融资额。

（三）证券融资预算实例

例、AD公司因生产线更新改造，经审批许可，发行3年期债券3000万元上市。债券按面值发行。券商W与AD公司达成包销拟发行上市债券的协议，由券商按债券发行价的80折，分别在第三季度的7、8、9三个月份分别付款800万元。

预算会计在编制预算时，将每月800万元债券融资分别列入7、8、9三个月份证券融资预算（见下表）。

AD公司×年第三季度证券融资预算表

单位：（万元）

类　别	7月	8月	9月	三季度证券融资
发行债券	800	800	800	2400
发行股票 ……				
三季度证券融资合计	800	800	800	2400

六、直接吸收股东投资预算管理实务

（一）直接吸收股东投资预算依据

直接吸收股东投资，主要指非上市公司为了达到扩大经营规模等目的，以出让股权等方式，吸收股东或新股东投入资金，进行融资。直接吸收股东投资预算管理，有助于企业更好地规划资本结构和维护企业稳定性。企业直接吸收股东投资预算的编制依据主要为：

1. 企业融资计划书

融资计划书表达了企业融资的需求和融资的目的，即安排了资金的使用方向及其进度，有助于企业更好地编制预算。

2. 投融资双方达成的协议

投融资双方达成的协议反映了企业可以获得的资金量及其进度，有助于企业更好地安排可以筹集的资金量。

3. 其他相关资料

我们还要兼顾到其他相关因素对直接吸收股东投资预算的影响，例如：经济环境及其发展趋势、投资环境及其发展趋势等，在合理预测其影响程度后，对预算进行适当修正。

（二）直接吸收股东投资预算方法

吸收股东直接投资属于资本性融资，可以依据双方协议和融资事项的进展情况，确定预算期内可以取得和使用的投资额。

（三）直接吸收股东投资预算实例

例、DF公司产品市场适销，客户订货数量很多，但是DF公司规模小，无足够的发展资金。经DF公司与SB公司达成协议。由SB公司投入300万元，用于DF公司扩建和购置生产线，但DF公司必须把35%股权出让给SB公司。依据双方协议，投资款将与6月份入账。

预算会计在编制预算时，将300万元筹资款列入6月份直接吸收股东投资预算（见下表）。

DF公司×年第二季度证券融资预算表

单位：（万元）

类　别	4月	5月	6月	二季直接吸收股东投资
SB公司投资			300	300
……				
二季度直接吸收股东投资合计			300	300

七、其他资金来源预算管理实务

（一）其他资金来源预算依据

企业其他资金来源主要包括预计净利润、固定资产折旧、无形资产摊销、递延资产摊销、待摊费用摊销、预提费用、证券转让、其他资产转让、股权转让或收回投资等。折旧、预提和各类摊销等，因为没有直接减少当期的资金，但是却冲减了当期的利润，因而应将它们视为企业的资金来源。企业其他资金来源预算管理，有助于企业更真实地计算生产经营资金盈缺，更好地运作资金获取增值收益。企业其他资金来源预算的编制依据主要为：

1. 近期会计账簿

近期会计账簿反映了企业折旧、预提和各类摊销的核算情况，记录了每期的核算金额、固定资产折旧剩余年限和方法、无形资产摊销剩余年限、待摊费用摊销情况、预提费用项目及其标准等，根据近期会计账簿核算资料，可以合理地预测在预算期内这些折旧、预提和各类摊销等对预计利润的影响，并列入企业资金来源预算。

2. 利润预测规划资料

企业月份、季度和年度利润预测规划资料能反映企业预计净利润，净利润是企业的一项重要的资金来源。

3. 证券转让

证券转让主要是指企业将投资的股票、债券等金融产品转让变现，获取货币资金。

4. 其他资产转让

其他资产转让主要是指固定资产、应收账款等债权、无形资产等资产转让，获取货币资金。

5. 股权转让

股权转让主要是指企业将直接投资的子公司、控股公司、参股公司的股权转让，获取货币资金。

6. 收回投资

股权转让主要是指企业直接投资的子公司、控股公司、参股公司终止经营，公司清算后，股东按股权份额收回投资，获取货币资金。

7. 其他相关资料

我们还要兼顾到其他相关因素对其他资金来源预算的影响，例如：固定资产增减预算、无形资产增减预算、预提费用增减预算等，在合理预测其影响程度后，对预算进行适当修正。

（二）其他资金来源预算方法

其他资金来源可以分为四类，其预算方法也不相同。

1. 折旧、预提和各类摊销。此类资金来源可以依据财务账面核算情况，经分析调整后，直接认定法编制预算。

2. 证券转让。根据转让证券的类别，考察证券市场行情，测定能够取得和使用的资金。

3. 资产转让。此类资金来源可以依据转让协议的约定，直接认定能够取得和使用的资金。

4. 收回投资。企业可以根据待撤户收回投资单位的具体情况，对具体影响因素逐个分析后，采用综合分析判定法测定可以取得和使用的资金情况。

5. 预计盈利。企业可以用利润规划资料和目标利润执行进度来认定。

（三）其他资金来源预算实例

例、AD公司第三季度每月预计可实现净利润12万元、每月计提固定资产折旧2500元、每月摊销无形资产2300元、每月摊销待摊费用160元、每月计提预提费用2000元；7月份转让铁路建设证券预计可收回资金1.5万元。

预算会计在编制预算时，将其他资金来源的金额分别列入7、8、9三个月份证券融资预算（见下表）。

AD公司×年第三季度其他资金来源预算表

单位：（万元）

类　别	7月	8月	9月	三季度其他资金来源
净利润	12	12	12	36
固定资产折旧	0.25	0.25	0.25	0.75
无形资产摊销	0.23	0.23	0.23	0.69
待摊费用摊销 0.016	0.016	0.016	0.048	
预提费用	0.20	0.20	0.20	0.06
证券转让	1.5			1.5
股权转让或收回投资				
其他资产转让				
……				
三季度其他资金来源合计	14.196	12.696	12.696	39.588

第二节 企业资金支出预算管理实务

一、物资采购预算管理实务

（一）物资采购预算依据

企业物资采购主要包括办公设备、生产设备、运输和交通工具、工程物资、原材料、办公用品等实物资产的采购。企业物资采购预算管理有利于企业供应链管理，有目标地控制存货库存，保证企业适时、有序、经济地开展生产经营和固定资产投资项目建设，合理控制成本、费用支出，有节制的控制设备等固定资产购置，用好用活资金，有利于合理规划企业目标利润，并有利于财务部门安排落实采购资金。企业物资采购预算的编制依据主要为：

1. 原材料采购计划（商贸企业为库存商品采购计划）

为配合生产预算（商贸企业为经营计划）的执行，供运部门结合仓库库存清单编制采购计划，财务预算会计据此对预算期内的采购资金作出安排，保证企业生产经营运转。

2. 设备设施等固定资产购置计划

配合企业固定资产购置立项审批制度，固定资产购置申请经审批列入购置计划后，财务预算会计据此对预算期内的设备等固定资产购置资金作出安排。

3. 近期和历史相关物资采购价格记录

企业可以从近期和历史相关物资采购价格，测算预算期物资采购价格，这有助于计算物资采购资金。通常，企业近期和历史相关物资采购价格记录，可以从财务账面分析收集，或要求采购部门及其人员根据业务记录提供。

4. 近期和历史低值易耗品和办公用品购置记录

因低值易耗品和办公用品，种类多，价格低，为了节约工作量，可以由企业按一定标准核定。

5. 其他相关资料

此外，我们还要兼顾到其他相关因素对物资采购预算的影响，例如：生产经营计划调整、市场价格行情变化等，在合理预测其影响程度后，对预算进行适当修正。

（二）物资采购预算方法

物资采购支出可以分为四类，可以采用直接认定法编制预算。预算方法如下：

1. 原材料采购支出。采购部门及其人员依据生产计划，结合仓库库存清单，编制原材料采购计划，财务预算人员分析整理原材料采购计划后，采用直接认定法测定采购支出。

2. 设备设施等固定资产购置支出。采购部门及其人员依据固定资产立项购置计划，编制采购计划，财务预算人员分析整理固定资产购置计划后，采用直接认定法测定采购支出。

3. 低值易耗品和办公用品采购支出。通常可以采用总量和总额核定，分次购买的方式编制预算。总量和总额核定，可以参照近期的数据直接认定。

4. 工程物资采购支出。采购部门及其人员依据工程施工预算和工程计划及进度，结合仓库库存清单，编制工程物资采购计划，财务预算人员分析整理采购计划后，采用直接认定法测定采购支出。

（三）物资采购预算实例

例、材料采购计划表、物资采购预算表（格式）

AD公司×年第三季度材料采购计划表

单位：（千克）/元

类　别	7月	8月	9月	三季度预计
预计生产量（件）	105	155	198	458
单位产品A材料用量	10	10	10	10
生产需用量	1050	1550	1980	4580
加：　预计期末存量	310	396	364	1070
合　计	1360	1946	2344	5650
减：预计期初存量	300	310	396	1006
预计A材料采购量	1060	1636	1948	4644
单　价	5	5	5	5
预计采购金额	5300	8180	9740	23220

AD公司×年第三季度物资采购预算表

单位：（元）

类 别	7月	8月	9月	三季度物资采购
办公设备购置				
生产设备购置				
运输和交通工具购置				
工程物资购置				
原材料购置				
办公用品和低值易耗品购置				
……				
三季度物资采购合计				

二、薪酬福利预算管理实务

（一）薪酬福利预算依据

企业员工薪酬福利主要包括工资、奖金、补贴等工资性支出和福利费。薪酬福利预算管理有助于企业合理管理人力资源成本，控制成本、费用支出，同时，调动员工的主动性、积极性和创造性，并有利于财务部门安排落实资金。企业薪酬福利预算的编制依据主要为：

1. 薪酬福利计划

由人力资源部门提供，财务部门审核认定。

2. 近期工资构成及其标准记录

企业可以从近期工资构成及其标准记录，测算预算期内的薪酬支出。近期工资构成及其标准记录，可以从财务账面分析收集，或要求人力资源部门及其人员根据业务记录提供。

3. 近期和历史福利费支出记录

企业可以从近期和历史福利费支出记录，测算预算期内的福利费支出。近期和历史福利费支出记录，可以从财务账面分析收集。

4. 成本性态分析资料

企业薪酬福利中，有的是随企业生产量的增减而成比例的增减变动，有的比较固定，不随生产量的增减而变动。成本性态分析资料，有助于企业更科学合理地编制财务预算。

5. 其他相关资料

我们还要兼顾到其他相关因素对薪酬预算的影响，例如：计件或计时工资管理制度、加班工资管理制度、效益工资和奖金管理制度、提成性工资、国家人事部门有关调整工资的法规文件、国家劳动保障部门颁布的社会保险法规文件等，在合理预测其影响程度后，对预算进行适当修正。

（二）薪酬福利预算方法

薪酬福利支出可以分为四类，即工资奖金支出、福利费等“三项”经费支出，其中，前者可以依据人力资源部门的薪酬福利计划，经分析整理后采用直接认定法测定预算期内的支出；后者可以依据工资支出乘以法定计提比率直接认定。

（三）薪酬福利预算实例

例、生产工人人工预算表、行政人员薪酬福利预算表（格式）

AB公司×年第三季度生产工人人工预算表

类　别	7月	8月	9月	三季度预计
预计生产量（件）	105	155	198	458
单位产品工时（小时）	10	10	10	10
人工总工时（小时）	1050	1550	1980	4580
每小时人工成本（元）	8	8	8	8
人工总成本（元）	8400	12400	15840	36640

AD公司×年第三季度行政人员薪酬福利预算表

单位：（元）

类　别	7月	8月	9月	三季度薪酬福利
工资性支出				
福利费等“三项”经费				
……				
三季度薪酬福利合计				

三、制造费用预算管理实务

（一）制造费用预算依据

与会计账簿核算相一致，制造费用构成主要包括生产车间的水费、电费、动力费、生产设备和厂房的维护维修费、低值易耗品摊销、房租、固定资产折旧等。制造费用预算管理，有助于企业经济合理地安排生产，充分利用生产能力和其它相关资源增加产出量，有目标地控制产品成本，并有利于财务部门安排落实资金。企业制造费用预算的编制依据主要为：

1. 近期和历史制造费用发生情况记录

企业可以从近期和历史制造费用及其构成记录，即水电费、动力费、房租、维修费、折旧等记录，测算预算期制造费用发生情况。企业制造费用及其构成记录，可以从财务账面分析收集。

2. 近期和历史设备维修记录

设备维修一般有经修和大修，经修是日常性修理，大修每 3 年一次。企业近期和历史设备维修记录，有助于预算会计测算预算期内设备维修支出。企业设备维修记录，可以从财务账面分析收集。

3. 成本性态分析资料

企业制造费用中，有的费用支出是随企业生产量的增减而成比例的增减变动，有的费用支出比较固定，不随生产量的增减而变动。成本性态分析资料，有助于企业更科学合理地编制财务预算和规划企业目标利润。

4. 生产预算

生产预算由生产管理部门依据销售预算编制。生产预算对预算期内的工作进度和完成的工作量作了安排，财务预算会计据此可以对制造费用进行预测和修正。

5. 其他相关资料

我们还要兼顾到其他相关因素对制造费用预算的影响，例如：车间租房合同的变更和调整、企业产品品种变化、采用新技术和新工艺等，在合理预测其影响程度后，对预算进行适当修正。

（二）制造费用预算方法

制造费用按成本的性态和费用支出特点，一般可以分为三个部分，通常各自的预算方法也有差别。

1. 水费、电费、动力费。可以采用算术平均法、加权平均法、经验判断法，从近几年的费用支出与生产量之间的关系，测定预算期内各项费用支出占生产量的比率；然后依据生产预算，分析计算测定各项费用支出。

2. 生产设备和厂房的维护维修费、低值易耗品摊销。生产设备和厂房的经修费及低值易耗品摊销各年变化不大，因而可以采用算术平均法、加权平均法、经验判断法，从近几年的费用支出和摊销情况，测定预算期内的发生额。对于生产设备大修费，可以参考最近一次大修费情况，测定预算期内将发生的生产设备大修费支出。

3. 房租、固定资产折旧。这类支出比较固定，可以依据近期数据直接列入预算。

（三）制造费用预算实例

例、制造费用预算表（格式）

AD公司×年第三季度制造费用预算表

单位：（元）

类　别	7月	8月	9月	三季度制造费用
水费				
电费				
动力费				
生产设备和厂房的维护维修费				
低值易耗品摊销				
固定资产折旧				
……				
三季度制造费用合计				

四、营业费用预算管理实务

(一) 营业费用预算依据

营业费用构成主要包括营销机构的工资、日常办公费用等支出、提成和佣金支出等。营业费用预算管理，有助于企业更好地组织营销团队，开拓市场，组建和管理营销网络，扩大市场份额，提高销售量和销售额，同时，也有助于企业合理控制费用支出，有利于目标利润实现，并有利于财务部门安排落实资金。企业营业费用预算的编制依据主要为：

1. 近期和历史营业费用及其构成记录

企业可以从近期和历史营业费用及其构成记录，即工资、日常办公费用等支出、提成和佣金支出等记录，测算预算期内营业费用支出情况。营业费用及其构成记录，可以从财务账面分析收集。

2. 营业费用性态分析资料

企业营业费用中，有的费用支出是随企业销售量的增减而成比例的增减变动，有的费用支出比较固定，不随销售量的增减而变动。成本性态分析资料，有助于企业更科学合理地编制财务预算和规划企业目标利润。

3. 销售提成管理制度及其变更情况

销售提成一般是按销售业绩给予业务人员的工资性支出。销售提成影响着企业的资金流，在编制财务预算时，财务预算会计应该将其影响额计算在内。

4. 广告和宣传计划

广告和宣传是企业为了推广其产品或服务，而通过媒体或采用其他方式向社会作宣传，该项支出是营业费用的一部分，在编制财务预算时，财务预算会计应该将其影响额计算在内。

5. 促销计划

促销通常是企业推广其产品或服务的一种手段，通过在特定场合和时间降价销售，或有奖销售等措施，扩大产品或服务的知名度，达到提高产品或服务的销售量的目的。

6. 薪酬福利预算

薪酬福利预算包括了销售部门及其人员的薪酬福利性支出，是营业费用的一部分，在编制财务预算时，财务预算会计应该将其影响额计算在内。

7. 其他相关资料

我们还要兼顾到其他相关因素对营业费用预算的影响，例如：销售预算及其调整、销售网点的增减、销售网点房租合同的变更或调整、新市场开发、销售佣金管理制度、销售管理制度变更等，在合理预测其影响程度后，对预算进行适当修正。

（二）营业费用预算方法

营业费用按成本性态和费用支出特点，一般可以分为五个部分，各自预算方法如下：

1. 工资、福利费。可以依据薪酬福利预算直接列入预算。对于提成和效益性奖金的，可以依据销售预算和规定的计算标准，分析计算测定工资支出。

2. 佣金。可以依据销售预算和规定的计算标准，分析计算测定佣金支出。

3. 广告、宣传、促销支出。根据企业的管理政策不同，可以依据当年的各项费用支出情况测定预算期内的支出；或者依据销售预算和规定的计算标准，分析计算测定各项费用支出。

4. 房租、固定资产折旧。这类支出比较固定，可以依据近期数据直接列入预算。

5. 其他。可以依据当年的各项费用支出情况测定预算期内的支出。

（三）营业费用预算实例

例、营业费用预算表（格式）

AD公司×年第三季度营业费用预算表

单位：（元）

类别	7月	8月	9月	三季度营业费用
工资				
福利性支出				
日常办公费用支出				
销售提成				
佣金				
广告费				
宣传费				
促销支出				
折旧				
……				
三季度营业费用合计				

五、管理费用预算管理实务

（一）管理费用预算依据

管理费用构成主要包括差旅费、交通费、办公费、工资、福利费、水费、电费、差旅费、会议费、有关税金、无形资产摊销、折旧等。管理费用预算管理，有助于企业调动组织机构和团队的力量，高效地运转企业的生产经营，通过管理出效率、效果和效益；同时，也有助于企业合理控制费用支出，并有利于财务部门安排落实资金。企业管理费用预算的编制依据主要为：

1. 近期和历史管理费用及其构成记录

企业可以从近期和历史管理费用及其构成记录，即办公费、工资、福利费、水费、电费、差旅费等记录，测算预算期内管理费用支出情况。管理费用及其构成记录，可以从财务账面分析收集。

2. 管理费用性态分析资料

企业管理费用中，有的费用支出是随业务量的增减而成比例的增减变动，有的费用支出比较固定，不随业务量的增减而变动。成本性态分析资料，有助于企业更科学合理地编制财务预算和规划企业目标利润。

3. 薪酬福利预算

薪酬福利预算包括了行政部门及其人员的薪酬福利性支出，是管理费用的一部分，在编制财务预算时，财务预算会计应该将其影响额计算在内。

4. 其他相关资料

我们还要兼顾到其他相关因素对管理费用预算的影响，例如：办公场地房租及其变更情况、业务招待费管理制度、办公经费管理制度、与印花税相关的预算期内的购销金额等，在合理预测其影响程度后，对预算进行适当修正。

（二）管理费用预算方法

管理费用按成本性态和费用支出特点，一般可以分为五个部分，各自预算方法如下：

1. 工资、福利费。可以依据薪酬福利预算直接列入预算。对于效益性奖金，可以依据预期经营管理业绩和规定的计算标准，分析计算测定工资支出。

2. 税金。印花税可以依据物资采购预算和销售预算等分析测定；房产税、车船使用税和土地使用税可以依据税金预算直接列入。

3. 坏账准备。可以依据销售预算、债权回收预算、当期应收款项期末余额、当期坏账准备期末余额，计算分析测定。

4. 房租、固定资产折旧。这类支出比较固定，可以依据近期数据直接列入预算。

5. 其他。可以依据当年的各项费用支出情况测定预算期内的支出。

(三) 管理费用预算实例

例、管理费用预算表（格式）

AD公司×年第三季度管理费用预算表

单位：(元)

类 别	7月	8月	9月	三季度管理费用
会议费				
工资和福利性支出				
差旅费				
水费				
电费				
差旅费				
有关税金				
折旧				
低值易耗品摊销				
无形资产摊销				
待摊费用摊销				
交通费				
……				
三季度管理费用合计				

六、税金预算管理实务

(一) 税金预算依据

税金主要包括营业税、增值税、消费税、流转税的附加税、土地使用税、土地增值税、房产税、契税、车船使用税、关税、所得税等，对企业来说，税金是一项强制性支出。税金预算管理，有助于企业完整地计算资金支出，有利于财务部门安排落实资金。企业税金预算的编制依据主要为：

1. 销售预算

销售预算反映了企业预算期内完成的销售额情况，这是依法计算流转税及其附加税的依据，结合物资采购预算，企业可以预测预算期内的流转税及其附加税的税负。

2. 进出口计划

进出口计划能反映企业进出口货物的内容及其金额，这有助于依法合理测算进出口关税、增值税和消费税等税金支出。

3. 物资采购预算

物资采购预算能反映企业生产经营性物资采购的内容和金额，这是依法计算企业增值税进项税的依据。

4. 利润规划资料

利润规划资料能反映企业税前利润总额，这是计算企业所得税的依据。

5. 其他相关资料

我们还要兼顾到其他相关因素对税金预算的影响，例如：税收政策法规及其变动情况、房屋产权拥有情况、管理费用预算中的税金预算等，在合理预测其影响程度后，对预算进行适当修正。

（二）税金预算方法

税金预算可以结合预算期内企业生产经营业务规划情况、房屋产权情况等，依据国家有关税收法规，分析测定计税依据和适用的税率，分别计算测定各相关税种的应纳税额。

（三）税金预算实例

例、税金预算表（格式）

AD公司×年第三季度税金预算表

单位：（元）

类　别	7月	8月	9月	三季度税金
营业税				
增值税				
消费税				
流转税的附加税				
土地使用税				
土地增值税				
房产税				
关税				
所得税				
车船使用税				
契税				
……				
三季度税金合计				

七、到期债务支出预算管理实务

（一）到期债务支出预算依据

到期债务支出主要包括到期的应付票据、应付账款、其他应付款、客户要求退还的预收账款余额、短期和长期借款、应付债券等。到期债务支出预算管理，有助于企业恰当地进行负债经营，低成本的使用债务资金，并有利于财务部门安排落实资金。企业到期债务支出预算的编制依据主要为：

1. 应付票据记录

应付票据到期，企业须及时准备好货币资金，如果是带息票据，持票人提示付款时，面值和利息一起支付。在编制财务预算时，企业应将预算期内到期应付票据的资金支出计算在内。

2. 应付款项记录

债务期满，或债权方催款时，企业须及时按双方约定的支付结算方式向债权方付款。及时向债权方付款，可以维护良好的客户关系和企业形象。在编制财务预算时，企业应将预算期内到期应付款项的资金支出计算在内。应付账款记录，可以从财务账面分析收集。

3. 预收账款及其退款通知

企业预收款销售，收进款项的结算余额，在客户要求返还时，企业须及时按双方约定的支付结算方式向债权方付款。在编制财务预算时，企业应将预算期内预收账款结算余额的资金支出计算在内。预收账款结算余额，可以从财务账面分析收集。

4. 借款记录和借款合同

依据借款合同约定，在还款期，企业须及时按双方约定的支付结算方式向贷款方付款。在编制财务预算时，企业应将预算期内到期借款的资金支出计算在内。归还借款金额，可以从财务账面分析收集。

5. 应付债券记录

企业发行的债券到期，企业须及时按上市公告书约定向持券方付款。在编制财务预算时，企业应将预算期内到期应付债券的资金支出计算在内。应付债券的本息记录，可以从财务账面分析收集。

6. 利润（股利）分配决议

经公司董事会或股东会表决通过，应该分配给股东的净利润。

7. 其他相关资料

我们还要兼顾到其他相关因素对到期债务支出预算的影响，例如：可转换债券、利息资本化等，在合理预测其影响程度后，对预算进行适当修正。

（二）到期债务支出预算方法

到期债务支出的组成比较综合，可以按类别采用直接认定法编制预算。具体包括：

1．应付票据。逐笔汇总预算期内到期的应付票据，直接将到期应支付的本息列入预算。

2．应付款项。逐笔汇总预算期内到期或债权方催款的债务，并直接将其列入预算。

3．预收账款结算余额退款。将预算期内要求退款的预收账款结算余额直接列入预算。

4．借款。将预算期内到期的借款本息直接列入预算。

5．应付债券。将预算期内到期的应付债券本息直接列入预算。

6．应付利润（股利）。将预算期内应该向股东支付的利润（股利）直接列入预算。

（三）到期债务支出预算实例

例、到期债务支出预算表（格式）

AD公司×年第三季度到期债务支出预算表

单位：（元）

类　别	7月	8月	9月	三季度到期债务支出
应付票据				
应付账款				
其他应付款				
退还预收账款余额				
短期和长期借款				
应付债券				
应付利润（股利）				
……				
三季度到期债务支出合计				

八、企业投资预算管理实务

（一）企业投资预算依据

企业投资预算主要包括证券投资和直接投资参股、控股或成立子公司等。企业投资预算管理，有助于企业合理筹划运作闲置资金获取资本增值收益，并有利于财务部门安排落实资金。企业投资预算的编制依据主要为：

1. 资金闲置情况

在企业生产经营资金过剩时，为了获得资本增值效益，会考虑将闲置的资金用来投资，即此时企业有条件进行投资，投资的规模须视资金闲置情况而定。

2. 投资方案

投资方案能反映企业投资的内容和进度，这有助于企业编制投资支出预算。

3. 其他相关资料

我们还要兼顾到其他相关因素对企业投资预算的影响，例如：投资管理法规政策、投资决议等，在合理预测其影响程度后，对预算进行适当修正。

（二）企业投资预算方法

企业投资按其性质可以分为三个部分，各自预算方法如下：

1. 短期获利性投资和长期债权投资，可以依据投资方案和资金闲置情况直接列入预算，只是短期获利性投资变现快，在企业资金运转不畅时，可以立即转让以取得货币资金。

2. 长期股权投资中的股票等证券投资，可以依据投资方案和资金闲置情况直接列入预算。

3. 其他长期股权投资属于资本性支出，可以依据投资协议，并结合投资方案的进展情况，分析测定预算期须投资支出的资金情况。

（三）企业投资预算实例

例、企业投资预算表（格式）

AD公司×年第三季度企业投资预算表

单位：（元）

类　别	7月	8月	9月	三季度投资
债券投资				
股票投资				
直接投资参股				
直接投资控股				
直接投资成立子公司				
……				
三季度投资合计				

第三节　企业财务专门预算管理实务

一、产品成本预算管理实务

（一）产品成本预算依据

产品成本构成主要包括直接材料成本、直接人工成本和制造费用分摊。单位产品成本不仅与当期生产成本有关，而且与产品的产量有关。产品成本预算有助于企业规划目标利润，经济合理地组织开展生产活动，控制生产成本。企业产品成本预算的编制依据主要为：

1. 材料采购预算

材料采购预算能反映材料的成本价，便于测算产品的预计材料成本。

2. 生产预算

生产预算能反映企业预算期内的产量和所耗用材料量，这有助于测算产品的生产成本和单位产品成本。

3. 生产工人人工预算

生产工人人工预算能反映企业预算期内摊入产品成本的人工成本，这有助于测算产品的生产成本。

4. 制造费用预算

制造费用预算能反映企业预算期内摊入产品成本的期间费用，这有助于测算产品的生产成本。

5. 成本性态分析资料

企业产品成本中，有的成本支出是随企业生产量的增减而成比例的增减变动，有的成本支出比较固定，不随生产量的增减而变动。成本性态分析资料，有助于企业更科学合理地编制财务预算和规划企业目标利润。

6. 其他相关资料

我们还要兼顾到其他相关因素对产品成本预算的影响，例如：生产成本当期余额、生产线设计能力利用情况、次品率、工作效率等，在合理预测其影响程度后，对预算进行适当修正。

（二）产品成本预算方法

产品成本预算可以依据生产预算、物资采购预算、制造费用预算，按照会计成本核算过程和方法，计算测定预算期内产品的总成本和单位产品成本。

（三）产品成本预算实例

例、产品成本预算编制

1. 资料：目前AB公司只生产一种产品，生产的产品只用一种材料。AB公司第三季度产品成本预算表如下：AB公司×年第三季度生产预算表、材料采购计划表、生产工人人工预算表、制造费用预算表如下：

AB公司×年第三季度生产预算表

类　别	7月	8月	9月	三季度预计
预计销售量	100	150	200	450
加：　预计期末存货	15	20	18	18
合　计	115	170	218	503
减：　预计期初存货	10	15	20	10
预计生产量（件）	105	155	198	458

AB公司×年第三季度材料采购计划表

单位：（千克）

类 别	7月	8月	9月	三季度预计
预计生产量（件）	105	155	198	458
单位产品材料用量	10	10	10	10
生产需用量	1050	1550	1980	4580
加：　预计期末存量	310	396	364	1070
合　计	1360	1946	2344	5650
减：　预计期初存量	300	310	396	1006
预计材料采购量	1060	1636	1948	4644
单　价	5	5	5	5
预计采购金额	5300	8180	9740	23220

AB公司×年第三季度生产工人人工预算表

类　别	7月	8月	9月	三季度预计
预计生产量（件）	105	155	198	458
单位产品工时（小时）	10	10	10	10
人工总工时（小时）	1050	1550	1980	4580
每小时人工成本（元）	8	8	8	8
人工总成本（元）	8400	12400	15840	36640

AB公司×年第三季度制造费用预算表

单位：（元）

类　别	7月	8月	9月	三季度制造费用
水费	300	320	360	980
电费	530	560	580	1670
动力费	1200	1320	1420	3940
生产设备和厂房的维护维修费	320	300	340	960
低值易耗品摊销	70	120	60	250
固定资产折旧	540	540	540	1620
……				
三季度制造费用合计	2960	3160	3300	9420

2. 产品成本预算编制：

因为AB公司生产的产品只用一种材料，故不涉及其他材料成本预算汇总；只生产一种产品，制造费用不在各产品之间分摊。AB公司第三季度产品成本预算表如下：

AB公司×年第三季度产品成本预算表

单位：（元）

类　别	7月	8月	9月	三季度预计
预计生产量（件）	105	155	198	458
直接材料成本	5300	8180	9740	23220
直接人工成本	8400	12400	15840	36640
制造费用分摊	2960	3160	3300	9420
预计产品成本	16660	23740	28880	69280
单位产品成本（元/件）	158.67	153.16	145.86	151.27

二、现金预算管理实务

（一）现金预算依据

现金预算是财务部门围绕企业目标利润，配合企业生产经营活动开展，对预算期内的经营活动的资金来源和资金支出作出合理地安排，有计划、有目标、经济地运作企业资金流，既满足企业经济业务对资金的需求，又最大化地获取资本增值收益，以保证企业目标利润的实现。企业现金预算的编制依据主要为：

1. 当期货币资金结余记录

当期货币资金结余记录，是编制现金预算的起点，它反映了企业预算期的期初可以使用的资金量。

2. 资金来源预算及其调整

资金来源预算反映了企业预算期内资金的收入（流入）来源和金额情况，例如：销售回款、债权回收、商业信用融资、借款等。

3. 资金支出预算及其调整

资金支出预算反映了企业预算期内资金的支出（流出）去向和金额情况，例如：物资采购、支付工资、营业费用等。

4. 其他相关资料

我们还要兼顾到其他相关因素对现金预算的影响，例如：外币兑换影响、外汇掉期保值、期货保值等，在合理预测其影响程度后，对预算进行适当修正。

（二）现金预算方法

现金预算可以根据企业预算期内的正常生产经营规划情况，分析归集各项资金来源预算和支出预算，保证企业预算期内生产经营活动资金流良性循环。

（三）现金预算实例

例、现金预算编制

1. 资料：AB公司2003年第三季度现金预算编制。5至10月份六个月的预算销售额分别为：5000元、6000元、7000元、8000元、9000元、10000元，销售回款率为：销货当月回款20%，次月回款70%，再次月10%。材料采购预算额为次月预算销售额的70%，材料购货款延期1个月支付。7至9月份的工资支出分别为：1800、1900、1600。7月份购近1台办公设备预算8000元。9月份预交企业所得税2000元。7月初货币资金账面余额8000元。AB公司与银行有协议，每月现金不足时，从银行贷款，贷款金额为5000元的倍数。

2. 现金预算表编制：

（1）现金收入：

AB公司2003年第三季度销售回款预算表

单位：（元）

类 别	7月	8月	月	三季度回款
5月份回款（销售额5000）	500			500
6月份回款（销售额6000）	4200	600		4800
7月份回款（销售额7000）	1400	4900	700	7000
8月份回款（销售额8000）		1600	5600	7200
9月份回款（销售额9000）			1800	1800
预计回款合计	6100	7100	8100	21300

备注：销售回款率为：销货当月回款20%，次月回款70%，再次月10%。

（2）现金支出：

AB公司2003年第三季度物资采购预算表

单位：（元）

类 别	7月	8月	9月	三季度物资采购
办公设备购置	8000			8000
生产设备购置				
运输和交通工具购置				
工程物资购置				
原材料购置	5600	6300	7000	18900
办公用品和低值易耗品购置				
……				
三季度物资采购合计	13600	6300	7000	26900

备注：材料采购预算额为次月预算销售额的70%。

AD公司×年第三季度薪酬福利预算表

单位：（元）

类　别	7月	8月	9月	三季度薪酬福利
工资性支出	1800	1900	1600	5300
福利费等“三项”经费	297	313.5	264	874.5
……				
三季度薪酬福利合计	2097	2213.5	1864	6174.5

AB公司2003年第三季度税金预算表

单位：（元）

类　别	7月	8月	9月	三季度税金
营业税				
增值税				
消费税				
流转税的附加税				
土地使用税				
土地增值税				
房产税				
关税				
所得税			2000	2000
车船使用税				
契税				
……				
三季度税金合计			2000	2000

（3）现金收支预算表：

AD公司×年第三季度现金收支预算表

单位：(元)

类　别	7月	8月	9月	三季度现金收支
7月初余额	8000	3403	1989.5	
现金收入：				
销售回款	6100	7100	8100	21300
银行借款	5000		5000	10000
……				
现金收入小计：	11100	7100	13100	31300
现金支出：				
物资采购	13600	6300	7000	26900
薪酬福利	2097	2213.5	1864	6174.5
税金			2000	2000
归还银行借款				
……				
现金支出小计：	15697	8513.5	10864	35074.5
现金收支期末余额	3403	1989.5	4225.5	

第四节　企业固定资产投资项目财务预算管理实务

一、概述

固定资产项目投资主要包括企业新建或扩建房屋建筑物和生产

线投资。这类投资一般跨期长，涉及面广，不可预见因素多，需要资金量大，回收期长，一般归属于资本性支出。光靠企业自有资金，很难满足项目对资金的需求，在实际工作中，企业一般通过长期借款、上级单位拨款、上市融资或吸收股东直接投资等途径，从国内、外资本市场和证券市场筹集资金，以解决项目投资资金不足的矛盾。因而，项目投资资金成本一般都比较高，企业如果不能有效地安排和管理项目资金来源和支出，项目的建造进度和成本将大受影响，使企业背负沉重的资金成本负担，直接影响企业经营期的损益。

固定资产投资项目预算包括项目资金来源预算和项目资金支出预算，其中，项目资金来源预算可以分为建造期资金来源预算和经营收益期资金来源预算；项目资金支出预算可以分为建造期资金支出预算和经营收益期资金支出预算。因经营收益期资金来源预算和资金支出预算基本上同于企业正常生产经营预算，所以本章只介绍建造期资金来源预算和资金支出预算。

二、建造期项目资金来源预算管理实务

（一）建造期项目资金来源预算依据

建造期项目资金来源主要包括自有资金、上级单位拨款、长期借款、发行债券、吸收股东直接投资等。建造期项目资金来源预算管理，有助于企业及时有计划有步骤地安排落实资金，保证项目进度和竣工期限不延误，控制资金成本和项目投资规模。建造期项目资金来源预算的编制依据主要为：

1. 项目自有资金情况

企业进行项目建设投资，必须依法保持一定的自有资金，这也是银行等金融机构贷款审查的重点之一。企业如果自有资金不足，

可以出让股权，吸收股东直接投资。

2. 吸收股东直接投资

吸收股东直接投资，是企业进行项目建设投资重要的融资方式之一，它不仅可以解决项目自有资金不足的矛盾，还可以缓解项目贷款压力。

3. 上级单位拨款文件

上级单位拨款文件反映了上级单位对项目建设的扶助，这可以补充企业自有资金，缓解项目资金短缺的压力。

4. 贷款协议

贷款协议反映了可以筹集的资金数量、贷款条件、贷款进度，这可以在一定程度上解决资金不足的矛盾。

5. 债券发行公告及承销安排情况

从债券发行公告及承销安排情况，在一定程度上可以测算通过发行债券可以筹集的资金量，更好地为项目建造支出安排资金。

6. 其他有关资料

我们还要兼顾到其他相关因素对建造期项目资金来源预算的影响，例如：融资进度、短期“鹊桥”贷款融资、国家专项拨款等，在合理预测其影响程度后，对预算进行适当修正。

（二）建造期项目资金来源预算方法

为了配合工程计划和项目执行进度，保证项目投资所需要的资金支出，建造期项目资金来源预算，一般从控制资金成本和项目建设投资风险出发，在合理利用自有资金的基础上，安排落实贷款等筹资渠道和资金筹集进度。贷款、股东投资和发行债券等筹资预算，依据有关协议约定，安排预算期内资金的进度及其额度。

（三）建造期项目资金来源预算实例

例、建造期项目资金来源预算表（格式）

BD公司××电厂项目资金来源预算表

2003年第三季度　　　　单位：(元)

类　别	7月	8月	9月	三季度资金来源
期初余额				
自有资金				
上级单位拨款				
长期借款				
发行债券				
……				
三季度资金来源合计				

三、建造期项目资金支出预算管理实务

(一) 建造期项目资金支出预算依据

建造期项目资金支出主要包括项目前期勘察设计、土地出让金、“三通一平”等支出，和设备设施购置费、建筑材料购置费、项目建安工程投资、建设期管理费用支出、不可预见费用、税金等。建造期项目资金支出预算管理，有助于企业依法围绕“三大”控制（进度控制、质量控制、投资控制）的要求，合理控制项目投资规模和成本费用支出，并有利于企业及时安排落实资金。建造期项目资金支出预算的编制依据主要为：

1. 工程施工预算

工程施工预算反映了建安工程的直接材料费、直接人工费、建安施工单位利税等支出，这些支出随着工程计划的执行和完工分布在项目建设期内。

2. 工程计划及进度报告

工程计划对建设项目的投资规模、项目建设进度和质量作了安

排。工程进度报告是对工程计划的动态管理，反映特定时点项目的投资规模、建设进度和质量。

3. 设备设施购置费

设备设施购置费，包括生产线、办公设备设施、交通和运输工具、配套工程设备设施等购置支出。这是建造期项目资金支出预算的重要内容。

4. 建设管理费支出预算

建设管理费包括项目前期成本费用支出，和项目建设期间建设管理人员的工资、福利费、差旅费、办公经费等。

5. 税金支出预算

税金支出主要包括土地使用税、土地增值税、印花税、进口物资的增值税和关税等。

6. 利息支出预算

利息支出既包括建设期贷款本金的利息，又包括资本化利息的利息。

7. 其他有关资料

我们还要兼顾到其他相关因素对建造期项目资金支出预算的影响，例如：保险费、不可预见费等，在合理预测其影响程度后，对预算进行适当修正。

（二）建造期项目资金支出预算方法

建造期项目资金支出预算，通常依据工程计划和工程施工预算编制。在项目建造过程中，按年度、季度和月份编制预算，每月终了，根据工程进度调整下月预算；每季度终了，根据工程进度调整下季度预算；每年度终了，根据工程进度调整下年度预算，通过这样动态管理，有目标有计划地控制项目投资进度、投资规模和建造成本。

（三）建造期项目资金支出预算实例

例、建造期项目资金支出预算表（格式）

BD公司××电厂项目资金支出预算表

2003年第三季度　　　单位：(元)

类　别	7月	8月	9月	三季度资金支出
设备设施购置费				
建筑材料购置费				
项目建安工程投资				
税金				
不可预见费				
……				
三季度资金支出合计				

第五节　企业生产经营财务总预算管理实务

一、预计资产负债表编制实务

(一) 预计资产负债表编制依据

预计资产负债表反映企业预算期末的财务状况，是企业围绕既定的生产经营目标，充分组织调动人、财、物、资金、信息、技术、供应链、营销网络等资源要素，开展生产经营，预计在预算期内能够实现的生产经营成果和财务成果，是企业在预算期内的奋斗目标。预计资产负债表管理，有助于企业围绕生产经营目标，合理组织开展生产经营，并根据生产经营需要，合理地投入和使用资金，以经济性和效益性为原则合理安排资产结构，确保资金的增值和收益能力。同时，企业要合理考虑资金的使用成本，在充分利用自有资金的基础上，适当地负债经营，吸收外部资金扩大生产经营规模，获取更多的经营收益。而且，在负债经营时，要保证企业的财务清偿能力，以降低和防范财务风险，维护企业信誉和形象。企业预计资产负债表的编制依据主要为：

1. 基期资产负债表

基期资产负债表，是编制预计资产负债表的起点，它反映了企业预算期内资产负债表组成项目期初余额和反映的财务状况。

2. 现金预算

现金预算经过分析整理，可以反映预算期内货币资金的变动情况和期末余额。

3. 销售及销售回款预算

销售及销售回款预算经过分析整理，可以反映预算期内应收账款、应收票据的增加情况，结合债权回收预算，可以反映应收账款期末余额。

4. 债权回收预算

债权回收预算经过分析整理，可以反映预算期内应收账款、应收票据的减少情况。

5. 商业信用融资预算

商业信用融资预算经过分析整理，可以反映预算期内预收账款、应付账款、应付票据的增加情况。

6. 借款预算

借款预算经过分析整理，可以反映预算期内短期借款、长期借款的增加情况。

7. 证券融资预算

证券融资预算经过分析整理，可以反映预算期内实收资本（股本）、应付债券的增加情况。

8. 其他资金来源预算

其他资金来源预算经过分析整理，可以反映预算期内累计折旧、其他应付款和预提费用增加情况；无形资产、递延资产、待摊费用、有关转让的资产等减少情况。

9. 物资采购预算

物资采购预算经过分析整理，可以反映预算期内原材料（商贸企业为库存商品）、低值易耗品、固定资产、工程物资等增加情况。

10. 薪酬福利预算

薪酬福利预算经过分析整理，可以反映预算期内应付工资、应付福利费、其他应交款的增减情况。

11. 制造费用预算

制造费用预算经过分析整理，可以反映预算期内生产成本的增减情况。

12. 生产预算

生产预算经过分析整理，可以反映预算期内产成品成本的增加情况。

13. 产品成本预算

产品成本预算经过分析整理，可以反映预算期内产成品数量和成本的增加情况和单位产品成本。

14. 企业投资预算

企业投资预算经过分析整理，可以反映预算期短期投资、长期股权投资、长期债权投资的增加情况。

15. 税金预算

税金预算经过分析整理，可以反映预算期内应交税金、其他应交款的增减情况。

16. 到期债务支出预算

到期债务支出预算经过分析整理，可以反映预算期内应付票据、应付账款、短期借款、其他应付款、应付债券等的减少情况。

17. 固定资产投资项目预算

固定资产投资项目预算经过分析整理，可以反映预算期在建工程的增加情况。

18. 其他相关资料

我们还要兼顾到其他相关因素对预计资产负债表编制的影响，例如：债务重组计划、可能发生的诉讼等，在合理预测其影响程度后，对预算进行适当修正。

（二）预计资产负债表编制方法

编制预计资产负债表时，一般在基期资产负债表的基础上，综合分析企业各有关基础预算和专门预算，在工作底稿上计算预计生产经营活动对有关会计科目的影响及其发生额和余额，然后按照资产负债表的编制方法编制预计资产负债表。

例、预计资产负债表编制工作底稿

AD公司第三季度预计资产负债表编制工作底稿

编制单位：　　　　　　年　月　日　　　　　单位：(元)

类　别	三季度预计	
	预计数据金额及来源	期末余额
货币资金	①余额5300元，现金收支预算表。	5300
短期投资		
应收账款		
……		
资产总计：		
短期借款		
……		
负债合计：		
实收资本（股本）		
……		
所有者权益合计：		
负债和所有者权益合计：		

备注：“预计数据金额及来源”栏内，应该按照预期经济业务对有关会计科目发生的增加或减少影响数逐笔填列和标注，以便于稽核。

（三）预计资产负债表实例

AD公司第三季度预计资产负债表

编制单位：　　　　　　年　　月　　日　　　　　　单位：(元)

资产	行次	预计期末余额	负债及所有者权益	行次	预计期末余额
流动资产：			流动负债：		
货币资金	1	20018953.60	短期借款	42	60000000.00
短期投资	2		应付票据	43	
减:短期投资跌价准备	3		应付账款	44	262596904.68
短期投资净额	4		预收账款	45	51447304.44
应收票据	5		代销商品款	46	
应收股利	6		应付工资	47	77167.33
应收利息	7		应付福利费	48	−23648.80
应收账款	8	292147833.50	应付股利	49	
其他应收款	9	113438535.59	应交税金	50	3131523.55
……		……	……		……
存　货	14	19027190.52	其他流动负债	55	
减:存货跌价准备	15				
待摊费用	17	79475.64			

续前表

待处理流动资产净损失	18				
一年内到期的长期债权投资	19				
其他流动资产	20				
流动资产合计	21	465158472.38			
长期投资：			长期负债：		
长期股权投资	22	6060000.00	长期借款	57	
……		……	应付债券	58	
长期投资合计	24		长期应付款	59	
减：长期投资减值准备	25		住房周转金	60	
长期投资净额	26		其他长期负债	61	
固定资产：			长期负债合计	62	
固定资产原价	27	35793931.58	递延税项：		

续前表

减：　累计折旧	28	5380003.17	递延税款贷项	63	
固定资产净值	29	30413928.41			
工程物资	30		负债合计	64	516365144.00
在建工程	31				
固定资产清理	32				
待处理固定资产净损失	33		股东权益：		
固定资产合计	34	30413928.41	股本	65	24840000.00
无形资产及其他资产：			……		……
……		……			
			股东权益合计	70	-3651467.13
递延税项：					
递延税项借项	40				
资产总计	41	512713676.87	负债及股东权益合计	71	512713676.87

二、预计损益表编制实务

(一) 预计损益表编制依据

预计损益表反映企业预算期末的经营成果，是企业围绕既定的生产经营目标，积极组织创收和控制成本费用支出，预计在预算期内能够实现的经营损益，是企业在预算期内的奋斗目标。预计损益表管理，有助于企业合理规划目标利润，有计划、有目标地开展生产经营和财务管理活动。企业预计损益表的编制依据主要为：

1. 目标利润

目标利润是企业组织生产经营活动的目标，是经营损益预算的着眼点，即围绕目标利润，分解销售预算、成本控制预算、费用控制预算，经过反复的分析测试，最终确定销售预算、成本和费用预算等。

2. 销售预算

销售预算经过分析整理，可以反映预算期产品销售量和产品销售收入发生情况。

3. 产品成本预算

产品成本预算经过分析整理，结合销售计划中的预计销售量，可以反映预算期产品销售成本发生情况。

4. 营业费用预算

营业费用预算经过分析整理，可以反映预算期营业费用发生情况。

5. 管理费用预算

管理费用预算经过分析整理，可以反映预算期管理费用发生情况。

6. 税金预算

税金预算经过分析整理，可以反映预算期主营业务税金及附加、所得税发生情况。

7. 财务费用预算

经过分析整理借款预算、债券融资预算、到期债务支出预算等，可以反映预算期财务费用发生情况。

8. 投资收益预算

经过分析整理投资预算的投资额和预期的投资报酬率，可以反映预算期投资收益发生情况。

9. 其他相关资料

我们还要兼顾到其他相关因素对预计损益表编制的影响，例如：销售退货、可能的诉讼赔偿等，在合理预测其影响程度后，对预算进行适当修正。

（二）预计损益表编制方法

编制预计损益表时，一般围绕企业预算期的目标利润，并综合分析企业各有关基础预算和专门预算，在工作底稿上计算预计生产经营活动对有关会计科目的影响及其发生额，然后按照损益表的编制方法编制预计损益表。

例、预计损益表编制工作底稿

AD公司第三季度预计损益表编制工作底稿

编制单位：　　　　　年　月　日　　　　　单位：（元）

类　别	三季度预计	
	预计数据金额及来源	期末余额
主营业务收入 主营业务成本 营业费用 主营业务税金及附加	①余额234元，现金收支预算表。	234
…… **主营业务利润：** 其他业务利润 管理费用 ……		

续前表

营业利润： 投资收益 …… **利润总额：** 所得税 **净利润：**		

备注："预计数据金额及来源"栏内，应该按照预期经济业务对有关会计科目发生的增加或减少影响数逐笔填列和标注，以便于稽核。

（三）预计损益表实例

AD公司第三季度预计损益表

编制单位：　　　　　　年　　月　　日　　　　单位：（元）

项目	行次	2002年累计数
一．主营业务收入	1	110562562.58
其中：代购代销收入	4	4707879.19
……		……
二．主营业务利润	7	14547613.25
加：其他业务利润	8	
减：存货跌价损失	9	
营业费用	10	2901813.07
管理费用	11	488636.42
财务费用	12	887132.24
汇兑损失	13	
三．营业利润	14	……
……		……
四．利润总额	19	……
减：所得税	20	……
五．净利润	21	11112950.31

图书在版编目(CIP)数据

跟我学做财务预算会计/张洪兵主编．—北京：中国社会出版社，2005.8

（乡镇会计培训丛书）

ISBN 978—7—5087—0637—5

Ⅰ.跟…　Ⅱ.张…　Ⅲ.预算会计　Ⅳ.F810.6

中国版本图书馆 CIP 数据核字(2005)第 076141 号

书　　名：跟我学做财务预算会计
主　　编：张洪兵
特邀编辑：孟　东　李　建
责任编辑：张　承

出版发行：中国社会出版社　邮政编码：100032
通联方法：北京市西城区二龙路甲 33 号新龙大厦
电话：(010)66080300　(010)66083600
(010)66085300　(010)66063678
邮购部：(010)66060275　电传：(010)66051713
网　　址：www.shcbs.com.cn
经　　销：各地新华书店

印刷装订：中国电影出版社印刷厂
开　　本：140mm×203mm　1/32
印　　张：3.5
字　　数：65 千字
版　　次：2005 年 9 月第 1 版
印　　次：2012 年 10 月第 4 次印刷
定　　价：8.00 元